中等职业教育技能型人才培养“十三五”规划图书系列——轨道交通

# 铁路客运员
# 实用教程

Tielu Keyunyuan
Shiyong Jiaocheng



主　编／周见华
副主编／刘世刚　李琴露

西南交通大学出版社
·成　都·

## 内容简介

《铁路客运员实用教程》对铁路运营基础知识进行分类讲解，内容包括高速铁路认识、编制旅客运输计划、特殊运输作业、铁路售票系统等。

本书共5个模块，第一个模块为认识高速铁路，第二个模块为旅客运输计划编制，第三个模块为铁路旅客运输，第四个模块为特定运输，第五个模块为走进计算机售票。

在教材编写中，本着“易学易用，由潜入深，贴近实际”的原则，既侧重于基本概念与基础知识的讲授，使学生理解透彻，又突出其实用性和可操作性，做到浅显易懂，实用性强。

本书还设计了相应的实训项目，供学生学习和操作，把理论联系实际，充分满足教材的实训要求。

图书在版编目（CIP）数据

铁路客运员实用教程 / 周见华主编. —成都：西南交通大学出版社，2018.8（2020.8重印）

中等职业教育技能型人才培养“十三五”规划图书系列. 轨道交通

ISBN 978-7-5643-6372-7

Ⅰ. ①铁… Ⅱ. ①周… Ⅲ. ①铁路运输－旅客运输－中等专业学校－教材 Ⅳ. ①U293-44

中国版本图书馆CIP数据核字（2018）第195574号

中等职业教育技能型人才培养“十三五”规划图书系列——轨道交通

**铁路客运员实用教程**

主　编 / 周见华

责任编辑 / 穆　丰

助理编辑 / 宋浩田

封面设计 / 墨创文化

西南交通大学出版社出版发行

（四川省成都市二环路北一段111号西南交通大学创新大厦21楼　610031）

发行部电话：028-87600564　　028-87600533

网址：http://www.xnjdcbs.com

印刷：四川森林印务有限责任公司

成品尺寸　185 mm × 260 mm

印张　8.25　　字数　205千

版次　2018年8月第1版　　印次　2020年8月第3次

书号　ISBN 978-7-5643-6372-7

定价　25.00元

课件咨询电话：028-81435775

# 前　言

近年中等职业学校城市轨道交通运营与管理专业使用的教材种类很多，不少中职教材内容几乎是高职教材以及社会上各种培训教材的翻版，内容太过陈旧，缺乏对学生实践操作的资源，撰写教材的作者对中职生的特点、教学方法也不太熟悉。这样撰写出来的教材大部分将知识学习与专业技能训练完全剥离开来，学生在学习时并不知道学了有什么用，什么时候能用得上、如何用。而在训练专业技能时，又往往出现不知道要用到哪些知识。如何来解决实际问题。使用这样的教材教学，教师难教、学生难学，达不到理想的教学效果。为了提高城市轨道交通运营与管理专业课的教学质量，使学生能够得到知识与技能的双向培养，充分发挥学生的动手能力，遵义市旅游学校组织了轨道交通管理系的全体教师编写了这套城市轨道交通运营与管理专业系列丛书。

该系列教材是轨道交通管理系的教师根据课堂教学经验和中职学生的实际情况，把知识学习和技能训练结合起来，并提供了丰富的实训素材，提出了具体要求，使学生能够在学了系统的理论知识后及时进行动手操作。

该系列教材包括《铁路客运员实用教材》《动车餐服员实用教材》《乘务员实用教材》等，涵盖了从地铁到高铁的客运员、餐服员、乘务员的实际技能讲解及操作。

由于时间仓促，编写任务重，这套教材难免有不足之处，在实际使用过程中可能会出现一些问题，敬请各位读者批评指正，我们将不断修正。该书中的部分内容源于网络，在此表示感谢。

教材编写组编者

2016 年 9 月

# 目　录

模块一　认识高速铁路 …… 1
项目一　世界高速铁路回顾 …… 1
项目二　高速铁路的定义和发展 …… 4
项目三　高速铁路的运输组织 …… 6
任务 1　高速铁路的运营特点 …… 7
任务 2　高速铁路的客流组织 …… 12
任务 3　高速铁路的列车运行图 …… 17
任务 4　高速铁路的区间通过能力 …… 24
任务 5　高速铁路的调度指挥 …… 29
实训项目一：自动售票系统功能 …… 39
实训项目二：人工售票系统 …… 48
实训项目三：自动售票机操作 …… 58
模块二　旅客运输计划编制 …… 68
项目一　旅客运输计划概述 …… 68
项目二　客流调查 …… 69
项目三　旅客运输技术计划 …… 79
项目四　旅客运输日常计划 …… 84
模块三　铁路旅客运输 …… 91
项目一　铁路旅客运输合同 …… 91
项目二　车票发售 …… 92
项目三　车票的有效期 …… 96
项目四　乘车条件 …… 97
项目五　旅行变更 …… 98
项目六　误售、误购车票的处理 …… 100
项目七　丢失车票的处理 …… 100
项目八　退票规定 …… 100
项目九　线路中断时对旅客的安排 …… 101

模块四　特定运输…………103
项目一　包车…………103
项目二　旅游专列…………104
项目三　军事运输…………104
项目四　路内运输…………106
模块五　走进计算机售票…………110
项目一　认识学生票识别仪器…………110
任务1　识别器的简易操作方法…………110
任务2　使用识别器进行购票…………110
项目二　关于实名制售票…………111
任务1　实名制车票售票实施细则…………111
任务2　证件类型…………112
任务3　售票操作方法…………113
任务4　退票及其操作方法的认识…………114
任务5　挂失补办…………114
项目三　如何在互联网售票…………117
项目四　走进电话订票…………122
参考文献…………125

# 模块一
# 认识高速铁路

## 项目一　世界高速铁路回顾

铁路是人类发明的首项公共交通工具，在 19 世纪初期便在英国出现。直至 20 世纪初发明汽车，铁路一直是陆上运输的主力。第二次世界大战以后，汽车技术得到改进，高速公路亦大量建成，加上民航的普及，使铁路运输慢慢走向下坡。特别在美国，政府的投资主要放在公路的建设上，不少城市内的公共交通曾一度被遗弃。

早在 20 世纪初，当时列车“最高速率”超过时速 200 km 者寥寥无几。直到 1964 年日本的新干线系统开通，是史上第一个实现“营运速率”时速高于 200 km 的高速铁路系统。

世界上首条出现的高速铁路是日本的新干线，于 1964 年正式营运（见图 1.1）。日系新干线列车由川崎重工建造，行驶在东京—名古屋—京都—大阪的东海道新干线，营运速度为每小时 271 km，营运的最高时速达 300 km。

图 1.1　行驶在山阳新干线上的 300 系列车

### 一、第一次浪潮（1964—1990 年）

1959 年 4 月 5 日，世界上第一条真正意义上的高速铁路东海道新干线在日本破土动工，经过 5 年的建设，于 1964 年 3 月完成全线铺轨，同年 7 月竣工，1964 年 10 月 1 日正式通车。东海道新干线从东京起始，途经名古屋，京都等地终至（新）大阪，全长 515.4 千米，运营速度高达 210 km/h，它的建成通车标志着世界高速铁路新纪元的到来。随后法国、意大利、德国纷纷修建高速铁路。1972 年继东海道新干线之后，日本又修建了山阳、东北和上越新干线；

法国修建了东南 TGV 线、大西洋 TGV 线；意大利修建了罗马至佛罗伦萨线。以日本为首的第一代高速铁路的建成，大力推动了沿线地区经济的均衡发展，促进了房地产、工业机械、钢铁等相关产业的发展，降低了交通运输对环境的影响程度，铁路市场份额大幅度回升，企业经济效益明显好转。

## 二、第二次浪潮（20 世纪 90 年代早期至中期）

法国、德国、意大利、西班牙、比利时、荷兰、瑞典、英国等欧洲的大部分发达国家，大规模修建本国或跨国界高速铁路，逐步形成了欧洲高速铁路网络。这次高速铁路的建设高潮，不仅仅是铁路提高内部企业效益的需要，更多的是国家能源、环境、交通政策的需要。

## 三、第三次浪潮（20 世纪 90 年代中期至今）

在亚洲（韩国、中国）、北美洲（美国）、大洋洲（澳大利亚）的范围内掀起了建设高速铁路的热潮。主要体现在：一是高速铁路的修建得到了各国政府的大力支持，一般都有了全国性的整体修建规划，并按照规划逐步实施；二是修建高速铁路的企业经济效益和社会效益，得到了更广层面的共识，特别是在修建高速铁路能够节约能源、减少土地使用面积、减少环境污染、交通安全等方面的社会效益显著，以及能够促进沿线地区的经济发展、加快产业结构的调整等。

适合高速铁路的生存环境其实只有两条基本原则：第一是人口稠密和城市密集，而且生活水准较高，能够承受高速轮轨比较昂贵的票价和多点停靠，第二是较高的社会经济和科技基础，能够保证高速轮轨的施工、运行与维修的需要。

就这两点而言，以巴黎和柏林为核心的欧洲大陆和日本密集的城市带来说高速铁路的发展是最适合不过的。因此世界最先进的高速轮轨技术诞生在德、法、日这 3 个国家也就非常合乎逻辑。

日本的高速铁路“新干线”诞生于 1964 年。当时的东京至新大阪“东海道”新干线仅用 8 年时间就收回全部投资。近 40 年来，新干线技术不断进步，已经构成了日本国内铁路网的主干部分。

虽然新干线的速度优势不久之后就被法国的 TGV 超过，但是日本新干线拥有目前最为成熟的高速铁路商业运行经验——近 40 年没有出过任何事故。而且新干线在建成之后对于日本经济的有力拉动也是引起世界高速铁路建设狂潮的原因之一。

TGV 可能是目前唯一没有任何盈利色彩而享誉世界的法国产品。所谓 TGV 是 Train à Grande Vitesse（法语“高速铁路”）的简称。第一条 TGV 是 1981 年开通的巴黎至里昂线。此后不过几个月，TGV 就打败法国航空，拥有了这条线路的最大客源。

图 1.2　法国 TGV

1972 年的试验运行中，当时的 TGV 创造了 318 km 的高速轮轨时速纪录。

从此 TGV 一直牢牢占据高速轮轨的速度桂冠，目前的纪录是其于 2007 年创下的 574.8 km/h。另外法国境内的加来至马赛 TGV 的平均时速超过 300 km，表现也非常稳定。

法国 TGV 的最大优势在于传统轮轨领域的技术领先。1996 年，欧盟各国的国有铁路公司经联合协商后确定将法国技术作为全欧高速火车的技术标准。因此 TGV 技术被出口至韩国、澳大利亚等国，是被运用最广泛的高速轮轨技术。

德国的 ICE 则是目前高速铁路中起步最晚的项目（见图 1.3）。ICE（Inter City Express 的简称）的研究开始于 1979 年，其内部制造原理和制式与法国 TGV 有很大的相似之处，目前的最高时速是 1988 年创下的 409 km。因此现在德国与法国政府正在设计进行铁路对接的方法，用各自的技术实现欧洲大陆上最大的两个国家铁路网的贯通。

图 1.3　德国 ICE

ICE 起步较晚和进展比较落后的一个重要原因是德国人在高速轮轨和磁悬浮的两线作战。由于磁悬浮在设计理念上的先天优势（没有固态摩擦），德国的常导高速磁悬浮一直是其铁路方面科研的重点。磁悬浮的设计理念与传统意义上的轮轨完全不同，因此当法国的 TGV 顺利投入运行，而且速度不亚于当时的磁悬浮时，德国才开始在高速轮轨方面奋起直追，但是至今仍与法国 TGV 技术有不小的差距。

在认识建造高速铁路的优势后，美国奋起直追，不仅保留了原计划拆除的东北走廊电气化设施，而且在引进 TGV 技术的基础上，研制了具有美国特色的高速列车 Acela，该列车连接了波士顿、纽约、费城、华盛顿。是美国唯一一条高速铁路。

1971 年最早的 TR1 型磁悬浮面世之后，至今已经有八个型号了。上海磁悬浮采用的就是最新的 TR8 型。

日本磁悬浮研究成功是在新干线正式运行 10 年之后的 1972 年，而且研究方向是与德国完全不同的超导方式。目前日本磁悬浮已经在试验中达到 552 km／h 的最高速度。但是曾经实地考察过两国线路的朱镕基做出如下评价：“日本磁悬浮的噪音和晃动都大于德国磁悬浮。”同时日本方面也以技术尚未完全成熟为由，拒绝向中国提供磁悬浮技术。

高速轮轨和磁悬浮虽然在设计方法上有天壤之别，却有一点是共通的，那就是关注于改变列车和轨道的接触状况以提高速度。到目前为止，磁悬浮能够达到的设计运行最高时速为 450 km（德国），试验最高时速为 552 km（日本）。与目前最高时速的高速轮轨 TGV 相比，磁悬浮在纯速度方面的领先还并不明显，但它有明显的速度潜力和能耗比小、噪音小等方面的优势。与此大相径庭的是近年正在兴起的，关注于改进机车牵引系统的摆式列车，很有可能是此后地面交通工具提高速度的另一个有益尝试。

德国、意大利和瑞典是最早进行摆式列车试验的国家，1997 年以来摆式列车因为价格便宜和制造工艺相对简单，尤其是借助能够充分利用现有线路，不必铺设全新的铁路网络的优势，逐渐能够在高速列车的竞争中与高速轮轨和磁悬浮分庭抗礼。

从国际趋势来看，摆式列车很有可能是一种在大规模成熟铁路网基础上完成提速，而且性价比较高的高速铁路技术。

最新资料表明，日本磁悬浮型高铁 JR-Maglev 已经超过法国，最高时速达 581 km，成为世界上实验时速最快的高铁。

# 项目二　高速铁路的定义和发展

高速铁路是一个具有国际性和时代性的概念。1985 年 5 月，联合国欧洲经济委员会将高速铁路的列车最高运行速度规定为客运专线 300 km／h，客货混线 250 km／h。1996 年欧盟在 96／48 号指令中对高速铁路的最新定义是：在新建高速专用线上运行时速至少达到 250 km 的铁路可被称作高速铁路。铁盟认为，各国可以根据自身情况确定本国高速铁路的概念，在既有线上提速改造，时速达到 200 km 以上，也可称为高速铁路。

高速铁路是一个集各项最先进的铁路技术、先进的运营管理方式、市场营销和资金筹措在内的十分复杂的系统工程，具有高效率的运营体系，它包含了基础设施建设、机车车辆配置、站车运营规则等多方面的技术与管理。

广义的高速铁路包含使用磁悬浮技术的高速轨道运输系统。

## 一、世界高速铁路的兴起

为了提高列车运行速度，使铁路适应社会发展，从 20 世纪初至 50 年代，德、法、日等国都开展了大量的有关高速列车的理论研究和试验工作。1903 年 10 月 27 日，德国用电动车首创了试验速度达 210 km／h 的历史纪录；1955 年 3 月 28 日，法国用二台电力机车将牵引三辆客车试验速度提到了 331 km／h，刷新了世界高速铁路的速度纪录。

日本充分利用德、法等国家高速列车试验经验，并依靠本国的技术力量，于 1964 年建成了世界上第一条高速铁路——东海道新干线（东京至大阪，全长 515.4 km，时速 210 km），并研制了“0 系”高速列车。东海道新干线以其安全、快速、准时、舒适、运输能力大、环境污染轻、节省能源和土地资源等优越性博得了政府和公众的支持和欢迎。1964 年投入运营，1966 年开始盈利，1972 年收回全部投资。

第一条高速铁路的问世，使一度被人们认为是“夕阳产业”的铁路，出现了生机，显示出其强大的生命力，预示着“铁路第二个大时代”的来临。从而引发了世界高速铁路建设的三次高潮。

## 二、世界高速铁路发展大事记

（1）1964 年，全球首列高速列车在日本投入运行，时速为 210 km。

（2）1972 年，法国 TGV 高速列车开始试车，时速为 317 km。

（3）1981 年，TGV 列车在法国东南部正式投入运行，时速为 260 km。

（4）1985 年，德国开始进行高速列车试验，时速达到 345 km。

（5）1986 年，比利时、荷兰、德国和英国决定联合修建高速铁路网。

（6）1988 年，德国 ICE 成为全球首列时速达到 400 km 的高速列车。

（7）1990 年，法国 TGV 运行时速达到 515.3 km，创下世界纪录。

（8）1991 年，德国 ICE 正式投入商业运行，时速为 250 km。

（9）1992 年，英吉利海峡隧道高速铁路建成，运行时速为 300 km。

（10）1995 年，韩国首尔至釜山高速铁路开工，设计时速为 300 km，实验段 1999 年 12 月开通。

## 三、世界各国高速铁路的发展历程

### （一）日本

1964 年 10 月 1 日，东海道新干线正式开通运营，运行速度达到 210 km／h，日均运送旅客 36 万人次，年运输量达 1.2 亿人次。这条专门用于客运的电气化、标准轨距的双线铁路，代表了当时世界一流的高速铁路技术水平，标志着世界高速铁路已由试验阶段跨入了商业运营阶段。1971 年，日本国会审议并通过了《全国铁道新干线建设法》，掀起了高速铁路建设的浪潮。1975 年至 1985 年间又依次开通了山阳新干线、东北新干线、上越新干线，列车最高时速 300 km，基本形成了国内高速铁路网骨架，1997 年北陆新干线通车营业，列车最高时速为 260 km。

### （二）法国

法国高速铁路称 TGV（Train à Grande Vitesse 法文“超高速列车”之意）。1971 年，法国政府批准修建 TGV 东南线（巴黎至里昂，全长 417 km，其中新建高速铁路线 389 km），1976 年 10 月正式开工，1983 年 9 月全线建成通车。TGV 高速列车的最高运行时速为 270 km。1989 年和 1990 年，法国又建成大西洋线，列车最高时速达到 300 km。1993 年，法国第三条高速铁路 TGV 北欧线开通运营，以巴黎为起点穿过英吉利海峡隧道通往伦敦，并与欧洲北部国家相连，是一条重要的国际通道。1999 年，地中海线建成，最高时速 350 km。法国 TGV 列车可以延伸到既有线上运行，所以其高速铁路虽然只有 1 282 km，但 TGV 高速列车的通行范围已达 5 921 km，覆盖大半个法国国土。根据规划，法国将在 21 世纪的头 10 年内，把东南线延伸至马赛，还要修建通向意大利和西班牙的南部欧洲线以及巴黎至德国斯特拉斯堡的东部欧洲线。

### （三）德国

德国高速铁路称为 ICE（Inter City Express）。1979 年试制成第一辆 ICE 机车。1982 年德国高速铁路计划开始实施。1985 年首次试车，以时速 317 km 打破了德国铁路 150 年来的纪录，1988 年创造了时速 406.9 km 的记录。但是德国的实用性高速铁路直到 20 世纪 90 年代初才开始修建，1991 年曼海姆至斯图加特线建成通车；1992 年汉诺威至维尔茨堡线建成通车，1992 年德国铁路用 29 亿马克购买了 60 列 ICE 列车，其中 41 列运行于第六号高速铁路，分别连接汉堡、法兰克福、斯图加特，运行时速 280 km。目前，德国的泛欧高速铁路和第三期高速铁路正在陆续建成中，实现了高速铁路国际直通运输。

### （四）意大利

意大利第一条高速铁路是1992年修建的罗马至佛罗伦萨线。1994年正式开始高速铁路网工程建设。1998年对米兰—博洛尼亚段180 km铁路进行改造升级，车速提高至每小时300 km。2000年至2003年又依次建成都灵—博洛尼亚、米兰—威尼斯、米兰—热那亚高速铁路，高速铁路总长度达到1 525 km。意大利高速铁路采用最新型的ETR500高速列车，其被称为“意大利欧洲之星”。

## 四、世界高速铁路建设模式

归纳起来，世界上高速铁路的建设分为以下几种模式：

### （一）日本新干线模式

全部修建新线，旅客列车专用。

### （二）法国TGV模式

部分修建新线，部分改造旧线，旅客列车专用。

### （三）德国ICE模式

全部修建新线、旅客列车及货物列车混用。

### （四）英国APT模式

既不修建新线，也不对旧线进行大量改造，主要采用由摆式车体的车辆组成的动车组；旅客列车及货物列车混用。

## 五、世界高速铁路发展趋势

（1）21世纪的铁路运输业将会迎来轮轨系高速铁路的全面发展，全球性高速铁路网建设的时期已经到来。

（2）高速铁路的优势已为世人所认同，其重要的战略意义已成为各国政府的共识，高速铁路促进了地区之间的交往和平衡发展。

（3）对速度的追求和对技术的创新是永无止境的。速度和技术成为引领世界高速铁路发展的重要因素；高速轮轨技术成为当今世界高速铁路建设的潮流；而磁悬浮技术代表了高速铁路未来的发展方向。

（4）高速铁路的技术创新正在向相关领域辐射和发展。

# 项目三　高速铁路的运输组织

高速铁路的运输组织是根据高速铁路的特点，研究一些有别于普通铁路运输组织中的技术问题。高速铁路的运输组织关于高速铁路的技术经济优势能否充分发挥，能否最大限度地吸引客流，能否获得最佳的经济、社会效益的软件环境，是高速铁路技术的重要组成部分。

# 任务 1 高速铁路的运营特点

## 一、高速铁路的服务对象

### （一）客运市场需求分析

根据“京沪高速铁路运量预测”专题组（铁三院、铁四院、铁科院、经规院共同承担）的调查，京沪通道相关旅客交流量和周转量，铁路分别占各种交通运输方式的 58.5%和 73.5%。在铁路客流中企业管理人员占了 20.47%；农民占了 16.85%；科技人员占了 13.49%；个体经商人员占了 11.89%；离退休人员占了 9.08%；行管人员占了 7.45%；学生占了 6.71%；工人占了 4.31%；军人占了 2.56%；其他占了 7.39%。在铁路客流中公务出行占 43.4%；非公务占 56.6%。在这些旅客中月均收入 500～1500 元占 59.%；1500～2500 元占 13.6%；＞2500 元者占 14.8%；低于 500 元者占 12.6%。铁路客流以出差居多，占 27.2%；其他依次为探亲占 21.0%；经商占 13.8%；旅游占 10.5%；务工占 6.6%；开会占 5.5%……。上述资料说明铁路客流中，各种职务，低、中、高收入的，各种旅行目的的旅客都有。进一步的分析表明，行管人员，企业管理人员和科技人员旅行的主要目的是出差和开会，是公费旅行的客源；个体经商人员旅行主要是为了做生意，农民旅行主要是去做工，学生旅行主要是探亲，离退休人员旅行主要是去旅游，这些是自费客源。

高速铁路客流在各种出行距离中所占的比例见表 1.1。由表可见，高速铁路在中、长距离中占绝对优势；但对行程在 200 km 以内的量大的短途客流也很有吸引力，几乎可与公路平分秋色。这说明铁路适合于各种距离的旅客运输。

表 1.1 京沪通道旅客出行距离分布表 单位：%

| 距离（km）<br>方式 | ＜100 | 100～300 | 300～500 | 500～700 | 700～900 | 900～1 100 | 1 100～1 300 | 1 300～1 500 | ＞1 500 |
|---|---|---|---|---|---|---|---|---|---|
| 铁路 | 43.44 | 48.87 | 50.43 | 61.91 | 77.72 | 77.34 | 68.05 | 89.81 | 89.29 |
| 公路 | 56.56 | 51.13 | 48.99 | 26.72 | 17.09 | 9.05 | 1.33 | 0 | 0 |
| 民航 | 0 | 0 | 0.58 | 11.37 | 5.19 | 13.15 | 30.62 | 10.19 | 10.71 |
| 合计 | 100 | 100 | 100 | 100 | 100 | 100 | 100 | 100 | 100 |

### （二）旅客出行方式及服务属性的选择

旅客出行一般都选择自己最喜欢的交通运输方式，而交通运输方式的选择又受各自认为最重要的供给属性（即服务属性）的影响。供给属性包括安全性、运输速度、舒适性、方便性以及交通费用等。根据调查分析的结果，旅客对出行方式及服务属性的选择意向见表 1.2 和表 1.3。

表 1.2 旅客出行方式及服务属性选择 单位：%

| 项目<br>旅客 | 首选交通运输方式 | | | 首选服务属性 | | | | |
|---|---|---|---|---|---|---|---|---|
| | 铁路 | 公路 | 民航 | 安全 | 速度 | 舒适 | 直达* | 费用 |
| 全部旅客 | 70.05 | 23.64 | 6.31 | 60.38 | 16.02 | 9.23 | 7.44 | 6.93 |
| 铁路旅客 | | | | 62.81 | 13.94 | 9.55 | 6.63 | 7.07 |
| 公费旅客 | 69.12 | 22.65 | 8.23 | 61.93 | 18.04 | 9.67 | 5.93 | 4.43 |
| 自费旅客 | 71.14 | 24.09 | 4.77 | 58.9 | 14.42 | 8.9 | 8.73 | 9.05 |

*本表以直达（不换乘）代表方便性。

表 1.3 不同收入水平的旅客对出行方式及服务属性的选择 单位：%

| 项目<br>月收入（元） | 首选交通运输方式 | | | 首选服务属性 | | | | |
|---|---|---|---|---|---|---|---|---|
| | 铁路 | 公路 | 民航 | 安全 | 速度 | 舒适 | 直达* | 费用 |
| ＜500 | 57.43 | 39.7 | 2.87 | 51.27 | 13.49 | 7.39 | 6.72 | 21.13 |
| 500～1 000 | 58.06 | 37.47 | 4.92 | 61.29 | 13.97 | 9.83 | 7.69 | 7.22 |
| 1 000～1 500 | 73.30 | 16.89 | 9.18 | 62.63 | 16.24 | 8.43 | 8.57 | 4.13 |
| 1 500～2 500 | 57.94 | 9.51 | 32.55 | 62.26 | 17.6 | 8.67 | 7.6 | 3.87 |
| ＞2 500 | 52.75 | 7.14 | 40.11 | 59.25 | 19.68 | 11.24 | 5.39 | 4.44 |

*本表以直达（不换乘）代表方便性。

通过上述的统计分析可以看出，不同收入水平的旅客，无论是自费出行还是公费出行，首选铁路的占大多数。旅行费用及收入水平不同的旅客对服务属性重要度的选择也有所不同。对各种旅客来说，最为关心的是安全，仅次于安全的要素是速度。票价被选择作为第一重要因素的比例是最低的。随着收入的提高，旅费已不再是控制因素。

高级管理人员，以开会、出差、经商为旅行目的者，公费旅行者将速度快作为影响选择第一重要因素的比例相对较高。收入越高的旅客对速度越重视，近距离和远距离均认为速度快更重要。

工人、农民，月均收入低于 500 元，旅行目的为做工，旅费来源为自费，旅行距离在 900～1 500 km 选择费用低作为第一考虑的重要因素的比例相对较高。

离退休人员、以旅游为主要旅行目的、旅行距离在 1 300 km 以上选择舒适作为第一重要因素的比例相对较高。

### （三）高速铁路的市场定位

高速铁路一般都是客运专线，其服务对象是旅客。由于列车运行速度比较高，其服务范围比较广。尤其是高速铁路所具有的一系列技术经济优势如服务频率高、便捷舒适、安全可靠、全天候服务等，使其在运输市场具有强劲的竞争能力，服务范围几乎不受所谓（时间因素上的）优势距离的限制。但为了保持较高的旅行速度，高速铁路一般设站都比较少，因而沿线小城镇到发的零星客流不能吸纳。高速铁路的市场定位，即主要服务对象应是要求缩短旅途时间的中、长途客流和要求随时提供服务的量大的短途客流。

在（一）（二）部分中虽只是对京沪通道的调查资料进行的分析，但其在我国颇具典型性。

随着人们生活水平的提高，消费结构产生了变化，消费结构升级开始显现。居民消费水平的提高，特别是旅游消费旺盛期的来临，将带动消费性旅行需求的不断增加，非公务性自费旅客比例将逐渐增大。未来的客流构成中，以自费旅游、打工求职、探亲访友等作为出行目的的旅客还会不断提高。旅游消费将逐渐成为一种大众消费方式，旅游客流将逐渐发展成为庞大的运输市场。此外，大型博览会、商品交易会、体育比赛的频繁举行使客运市场拥有更广阔的发展空间。这些客流在速度上都有较高的要求，是高速铁路的重要潜在客源。

随着区域通道的综合运输网络日臻完善，各种运输方式的互补性日益增强，市场容量继续扩大；同时，各种方式的竞争程度也日趋激烈，方式间可替代性提高，追求运输质量的倾向性需求将变得更加突出。旅客将选择最经济、合理、服务质量高的运输方式。

经济和社会的发展改变了人们的生活习惯及工作方式，同时也改变了和运输需求相关的概念。生活质量的提高，国民收入的增加，旅客经济承受能力明显增强，消费观念随之改变，人们的旅行生活在数量得到满足的基础上，将更加注重舒适性、安全性、便捷程度及服务水平；生活节奏的加快，时间价值的增值，旅客对提高旅行速度的要求愈加强烈，将对高速交通方式变得更为青睐。

可以预见未来人们将对改善旅行条件、缩短旅途时间、提高服务水平等运输质量方面的需求会与日俱增，旅客运输将向提供多层次、多元化服务和多功能的方向发展。高速铁路优势明显，客源充足。

旅客分为不同的层次，要求提供服务的随意性较强。以最少的消耗，一流的管理，优质的服务，安全、正点地输送旅客，最大限度地吸引客流，获得最大的经济效益和社会效益，是高速铁路运输组织的根本任务。

## 二、高速铁路的运输组织目标

### （一）高速度

速度是高速铁路技术水平最主要的标志，各国都不断提高高速列车的运营速度。法国继1990 年 5 月创造试验速度 515.3 km/h 的世界纪录后，新世纪伊始，法国地中海新干线建成，构成了由加来至马赛全长 1 067.2 km 的高速线路；2001 年 5 月 26 日，法国组织了不停车高速运行 1 000 km 以上的试验，前 1 000 km 只用了 3 h9 min，平均运行速度达到 317.46 km/h（全程历时约 3.5 h，平均运行速度 305 km/h），达到了 366.6 km/h。法国、德国和日本等的最高运行速度都达到了 300 km/h，达到并突破 350 km/h 已为期不远。

运营速度的概念是相对试验速度而言的，最高运营速度就是指最高运行速度。除最高运行速度外，旅客更关心旅行速度；因为旅行速度直接决定了旅客全程的旅行时间。在最高设计速度一定的情况下，设计中应追求的目标是尽可能地提高平均运行速度；而在平均运行速度一定的情况下，运营管理（尤其是行车组织）追求的目标是尽可能地提高旅行速度。处理好旅速与为旅客提供必要的乘降频率间的关系，是营造方便、快速环境的先决条件。在方便旅客乘降的前提下，旅速越高越好。目前日本、法国和西班牙个别高速列车的旅行速度都达到了 200 km/h 以上。东京站和大阪站间全长为 552.6 km，乘坐“希望号”高速列车 2.5 h 即可到达，比高速铁路开通前的特别快车缩短了 4 h。我国未来的京沪高速铁路全长约 1 300 km，北京至上海的高速列车全程运行时间将为 5 ~ 6 h，比目前的特快列车相比缩短了 8 ~ 9 h，其旅行速度大约为 220 ~ 260 km/h。

### （二）高密度

列车间的间隔越小，运行密度越大，为旅客提供的服务频率越高，旅客等待乘车的时间就越短，就能吸引更多的客流。如 A、B 两站间每天开 3 对定员为 1 000 人/列的列车，每日可吸引 2×2 100 人；开 6 对列车定员为 500 人/列的列车，则有可能每日吸引 2×2 400 人。我国既有铁路干线，由于运输能力普遍都比较紧张，客货运输互争运能的现象较为突出，旅客列车密度的加大受到了限制。客运专线，尤其是高速铁路，在满足运量需求的前提下，一般都采取“小编组，高密度”的组织方式。

列车密度主要取决于最小追踪列车间隔时间，客运专线（高速铁路）最小追踪列车间隔时间技术设备可以达到 3 min。但最小追踪列车间隔时间并不等于实际可以达到的平均列车间隔时间（后文会提及）。目前高速铁路列车密度最高的系日本东海道新干线，在最小追踪列车间隔时间为 4 min 的情况下，每日运行 18 h，日行车量达到了 142.5 对。实际平均列车间隔为 8 对/h 即 7.5 min。京沪高速铁路最小追踪列车间隔按 3 min 进行设计，近期按 4 min 使用，在高中速混跑的情况下，如何缩小实际的平均列车间隔时间，是运输组织中的新课题。

### （三）高正点率

正点率是高速铁路系统设备可靠性和运输组织水平的综合反映，也是运输服务质量的核心。只有列车始发、运行和终到正点，旅客才能有效安排自己的时间，所以旅客十分看重正点率。各国都十分重视高速列车的正点率问题，并以此作为与其他交通运输方式竞争的重要手段。西班牙规定高速列车晚点超过 5 min 要退还旅客的全额车票费；日本规定到发超过 1 min 就算晚点，晚点超过 2 h 就要退还旅客的加快费。在列车正点率方面对旅客有所承诺，不但在市场竞争中赢得了旅客，同时也强化了自身的管理工作。西班牙高速铁路自投入运营以来。列车正点率高达 99.6%以上，很少发生赔付事件（退款只占总收入的 0.2%）。日本东海道新干线列车平均误点时间只有 0.3 min。京沪高速铁路一旦建成，在列车正点率上对旅客也应有所承诺。由于有中速列车的影响，要保持较高的列车正点率有一定的难度，这正是我国高速铁路运输组织应研究解决的问题。

### （四）高可靠性

这里的可靠性是针对安全而言的。高速铁路必须保证行车过程中的高度安全。否则，一旦出现事故，都将是毁灭性的。各国高速铁路都有完善的安全保障体系。这是各种现代交通运输方式中所罕见的。几个主要高速铁路国家，一天要发出上千列的高速列车，其事故率及人员伤亡率都远远低于其他现代交通运输方式。因此，高速铁路被认为是最安全的现代交通运输方式。

高速铁路的安全保障体系，除采用了一系列的现代化的先进技术设备，构成了十分完善的安全监控系统外，在运输组织中对涉及行车安全的各个环节还必须有一套十分严密的管理制度，有关运输设备与设施必须科学地进行养护与维修，与行车有关的操作人员都必须事先进行岗位培训，持证上岗。先进的技术设备及其安全保障系统只能起到防止事故发生的作用，而严密的管理才能减少和消灭事故。因此，事故率不仅是衡量技术设备系统可靠性的尺度，更是检验组织管理水平的砝码。零事故率，高可靠性是各国高速铁路运营管理最重要的目标。

因为只有做到了安全可靠，才可能成为旅客出行首选的交通运输方式。

### （五）高质量服务

这里所说的高质量服务主要是指服务设施和运营组织工作的高质量。国外高速铁路的服务质量是无可挑剔的，旅客乘坐高速列车旅行几乎无不便之感。为减少换乘给旅客带来的不便，法国和德国等采取了高速列车下高速线的方式。日本为使高速列车延伸到山形（新庄）和秋田，在福岛—山形—新庄（87.1 km+61.5 km）和盛冈—秋田（127.3 km）间改成了标准轨或增设了第三轨。如果采取换乘的方式，由于增加一次上下车，延长了途中时间，根据国外的研究，旅客将流失（转向其他交通运输方式）30%以上。可见减少换乘是提高服务质量的重要方面。京沪高速铁路衔接 20 余条干支线，40%以上的客流系跨线客流，为减少旅客换乘，将主要采取速度在 160 km/h 及其以上的跨线列车上、下高速线运行的方式。

高质量服务必须要有完善的客运服务系统作保证。客运服务系统是指直接面向旅客，为其在旅行过程中提供方便、周到的服务而设置的设施及系统。它可以分为三类：一是车站旅客服务系统；二是车上旅客服务系统；三是车站广场城市配套系统。这三个系统包括：站房站台服务系统、客票发售和预订系统、旅客向导系统、旅客查询系统、列车到发通告系统、自动检票系统、自动广播系统、餐饮服务系统、车上客运服务系统以及城市交通配套系统等。在运营管理工作中要充分利用各种服务设施，使旅客随时随地都能购到满意车次的车票，并组织旅客有序乘降。在车上适时供应餐饮及提供各种途中服务。

### （六）高市场占有率

高速铁路具有一系列的技术经济优势，因此倍受人们的青睐。高速铁路的运输组织就是要使其技术经济优势得以充分发挥，并以此去开拓市场，提高市场占有率。在这方面国外不乏成功之师。

日本已拥有的高速铁路长达 2 049 km。东海新干线 1964 年开业时预计每天运送 4 万人，实际达到了 6 万人。10 年后的 1974 年，每日运送量达到了 32 万人，增加到了 5.33 倍；其周转量为开业时的 8.9 倍。由于列车的旅行速度较既有线提高一倍，票价较飞机便宜，迫使东京—名古屋的航班停运。东京和大阪间的市场份额方面，高速铁路达 84%，而飞机只有 16%。山阳新干线大阪—福田间，高速铁路的市场份额超过了 70%，而飞机不足 30%。东北新干线高速列车由福岛经山形线运行至山形后，东京至山形的航班由原来的每日 5 班减为 3 班。新干线线路长度约占日本铁路营业里程的近 10%，而旅客周转量却占了 30%，运输收入占 45%；客运密度新干线是既有线的 4 倍，每千米的运输收入方面，新干线是既有线的 6 倍。

法国高速铁路总长已达 1 520 km，首先建成的 TGV 东南线，10 年后其运量就增加了 90%。巴黎—里昂间 TGV 的市场份额在 80%以上。法国高速列车承担的旅客周转量占法国铁路干线周转量的一半以上，已成为法国国有铁路的客运支柱。

西班牙目前只有马德里—塞维利亚一条高速铁路，全长 471 km。该高速铁路自 1992 年 4 月投入运营以来，以其安全、舒适、正点赢得了良好的信誉。由于原来马德里—塞维利亚运输走廊沿既有铁路线旅行时间过长和旅客对旅行服务设施及服务质量不满意，西班牙国铁在这一方向所占的运量比重仅为 14%。马德里—塞维利亚高速铁路通车后的第一年（1992.04.20 ~ 1993.04.20）共运送旅客 210 万人次（上座率 85%），第二年（1993.04.20 ~

1994.04.20）即增长到 370 万人次，使西班牙国铁在这个方向上的运输市场所占份额提高到 54%。乘坐 AVE 高速列车旅行的旅客普遍感到满意（满意率达 96%）。

京沪高速铁路建成后，由于全程运行时间只有 5～6 h，虽略逊于飞机，但票价只有飞机的 60%，如果在市场营销方面能够采取正确的策略和手段，推出合适的产品，就能获得高额的市场份额，成为京沪通道旅客运输的主力。

### （七）高社会经济效益

高速铁路使铁路固有的技术经济优势得以充分发挥。尽管建设投资高于普通铁路，但建成后能吸引和诱发大量的客流，在能源利用、环境保护、国土开发与利用、安全、准时、舒适等方面优于航空和高速公路，尤其是社会成本方面，远低于其他现代交通运输方式。国外高速铁路，尤其是日本的东海道和山阳新干线的社会经济效益都非常好。其营业系数（营业支出/营业收入×100%）在民营化前就分别达到了 40%和 65%左右。法国 TGV 东南线全线通车后的第二年（1984 年）就有盈利，内部收益率达到了 15%，10 年就收回了全部投资。TGV 大西洋线内部的收益率达到了 12%。各国都十分看重高速铁路带来的效益。所以在许多国家和地区，其中也不乏发展中的国家，都有进一步发展高速铁路的计划。

根据国家科委中国科技促进发展研究中心的相关研究，高速铁路可以让经济区域在 800～1 000 km 范围内孤立的、分散的经济区形成一条经济带或经济走廊，使这一带经济社会活动的联系变得更加紧密，发展速度更快。由此而产生的社会经济效益是十分重大、难以估价的。据研究，京沪高速铁路建成后，平均每年对国民经济贡献的净效益在 160 亿元以上。平均每年节省的社会成本在 200 亿元以上。

# 任务 2 高速铁路的客流组织

## 一、旅客列车开行方案的设置

### （一）服务频率与列车密度

服务频率指某一方向（从甲站到乙站）一日内提供给每位旅客乘车选择的车次次数。服务频率越高，一日内提供给旅客选择的列车（车次）越多，旅客乘车就越方便，等待时间就越短；进而吸引的旅客就越多。据研究，当服务频率超过 18 趟（即每小时一列）后，运量随服务频率增加而增大的幅度会变得很小；同时短途客流对服务频率特别敏感，说明应加大短途高速列车的密度。

客运站服务频率大小主要取决于旅客列车的开行数量；对于中间站而言，取决于始发列车数和通过列车中停站列车数之和；对于无始发列车的中间站，主要取决于停站列车数。在有一定预测运量的情况下，开行列车数量的多少，主要取决于列车定员数和席位上座率。为适应运输市场的需要，提高运输服务质量，从而提高自身的竞争能力，提高客运能力的手段主要为增加旅客列车对数，而不是扩大列车编组及增加列车定员；同时应限制上座率，杜绝出现超员运输。

由于短途客流与长途客流相比，对服务频率变得更为敏感，为提高其竞争能力，短途列车一般采用短编组，以加大其列车密度、提高服务频率。长途列车一般采用长编组，以充分利用区间通过能力。

### （二）列车定员

所谓客流组织就是将预测的各年度的 OD（Origin Destination，交通起止站）客流量进行具体的分析，根据旅客的出行规律，本着满足不同层次旅客的需求、尽量减少换乘、最大限度地方便旅客、加速旅客送达的原则，用各种旅客列车把旅客输送到目的地。客流组织的具体体现就是旅客列车的开行方案。旅客列车的开行方案包括旅客列车定员、列车组成（一、二等车比例）、列车的等级、列车的发到站、开行数量、中途停站方案等。

高速铁路一般应采取短编组、多开车的方针，以方便旅客。欧洲高速列车一般定员都不超过 1 000 人/列，日本高速列车定员一般为 1 300 ~ 1 500 人/列。列车定员过高，不但降低了服务频率，在速度一定的情况下还将对列车牵引总功率有要求，如采用动力集中的方式，将会加大其技术上的难度；如果过低，有时又不能完成预测的运量。因此列车定员是由多种因素决定的。

### （三）列车组成

高速列车由于运行距离和运行时间都较短，一般都不设非载客车辆，为满足不同层次旅客的需求，可设包间、一等车和二等车。各种车辆的比例可根据实际需要进行确定。

### （四）列车等级

高速铁路与普通铁路一样，旅客列车也分为若干等级。当只运行一种最高运行速度的高速列车时，主要是根据其中途停站的多少进行划分，停站越少代表等级越高。由于高速车底不断更新，国外一些高速线上同时运行几种速度的高速列车，此时等级的划分主要根据最高运行速度，速度越高等级也越高。我国未来的高速铁路将有多种停站方案，也将同时运行多种速度（如一种是进口的 300 km/h 及其以上，一种是国产的 250 km/h 左右）的高速列车。这与日本东海道及山阳新干线很相似。日本将其划分为“希望号”“光号”和“回声号”三种，计 90 种停站模式，每天开行 450 多列车。

### （五）列车的发到站

高速列车的发到站决不等于高速铁路的起始和终止站，高速列车的发到站也不等于载运旅客的起始与终到站。旅客列车不只是为始发与终到站间的旅客服务，还应为沿途上、下的旅客服务。不能机械地根据预测的 OD 流，只要两点间够一列就开一列。对于客流比较集中的短途客流，一般应安排短途列车，早晚密集到发。高速列车到发站除根据客流结构进行选择外，还应兼顾高速车底的运用。

### （六）列车开行数量

旅客列车的开行数量一般可根据公式进行计算：

$$n = \frac{N \times 10^4}{365 \cdot a \cdot k} \tag{1.1}$$

式中　$n$——需要开行的旅客列车数，旅客列车一般都是成对运行，只计算一个方向即可（列）；

$N$——某区段计算年度客流密度（万人）；

$a$——高速列车定员（人/列）；

$k$——高速列车上座率，一般可在 0.70 ~ 0.80 进行取值。

在高速列车发到站及其数量已定的情况下，可通过绘制列车流图，计算出各区段开行的旅客列车数。如开行列车数小于按式 1.1 计算出来的数值时，说明开少了；反之，则开多了。开少了完不成输送客流任务（或引起列车严重超员），开多了上座率过低，经济上不合理。因此，开少开多都应进行调整，直至各区段的列车数都接近按式 1.1 的计算数为止。

#### （七）列车停站方案的设置

列车途中停站是为了满足中途旅客上、下车的需要。旅客到发较少的中间站，主要靠通过列车停站的方式达到输送旅客的目的。停站的列车越多，越有利于旅客的上、下车。但高速列车途中停站过多将降低其旅行速度，从而失去了“高速”的意义。既要为中间站的旅客提供方便的乘车条件，又要不过多地降低高速列车的旅速，是停站方案设置的难点。日本东海道和山阳新干线，设置了 90 种高速列车到发与停站模式。一般来说，但凡某 1 对发到站间有 2 对及以上的列车，途中就应采取交替停站的方式；4 对以上时就应安排有一定比例的中途不停站的直达列车。到发量较大的中间站，应安排一定数量的始发与终到列车，以减轻通过列车的压力。

旅客列车开行方案的设置还应充分满足市场营销要求。如何综合各种因素，设计出较好的方案来，目前尚缺乏类似于货物列车编组计划的理论体系，只能通过在实践中逐步调整的办法，来达到优化（满意）的目标。

### 二、跨线客流的输送方式

#### （一）问题的提出

对一个国家而言，高速铁路始终只是铁路网中的一部分，而且只是一小部分。由于高速铁路处于经济相对比较发达，人口相对较多的主要交通运输通道上，其客流除本线上各站间到发的外，还有部分是铁路网上其他站与本线各站间相互到发，或其他站间互相到发而通过本线的客流。高速线上各站间到发的客流叫高速客流，其他客流叫跨线客流。

高速铁路一般设站都比较少，建成的京沪高速铁路计划设 31 个站，而既有京沪线有 190 多个站。既有线中、小站到发的客流，由于高速线上无相应车站，不能上高速线。这部分客流叫沿线客流，将保留在既有线上。

跨线客流是仍由既有线承担还是上高速线，如果上高速线又以什么方式输送，是高速铁路运输组织中必须面对的问题。

#### （二）跨线客流的基本输送方式

由高速线承担的跨线客流，有三种基本输送方式：一是在高速线与既有线的衔接站换乘，高速线上用高速列车输送，其他线路上用普通列车输送，简称换乘方式；二是高速列车下高速线，全程都用高速列车输送，在其他线路上按线路允许速度运行，简称下高速线方式；三是跨线列车上、下高速线，全程都用专门的跨线列车（最高运行速度可达 200 km/h）输送，在高速线上按车辆构造速度运行，简称跨线运行方式。

1. 换乘方式

采用换乘方式输送跨线客流，在衔接站要有相应的换乘设备，增加二倍于原通过列车数的列车始发、终到设施；如果换乘不在同一站进行，还将加重市内的交通负担。

无论采取什么样的换乘方式，都将增加旅客的不便，根据国外的经验及有关研究，一次换乘要损失（转入其他交通运输方式）客流 30%以上。为此各国高速铁路都在千方百计地开展直达运输，减少旅客的换乘，以便更多地吸引客流。

采用换乘方式，高速线上运行的都是高速列车，速度单一（或速差较小）区间能力利用较充分，行车组织较简单，但换乘客流组织较复杂。

2. 下高速线方式

采用高速列车下高速线的方式输送跨线客流，需要具备以下条件：一是要有大量的高速车底投入运用；二是相关线路必须电气化；三是高速车底折返站要有相应的整备及维修设备。

下高速线方式与换乘方式一样，高速线上运行的都是高速列车，速度单一（或速差较小），区间能力利用较充分，行车组织较简单；同时还可减少旅客的换乘之苦，与换乘方式相比，可更多地吸引客流。

3. 跨线运行方式

上、下高速线运行的跨线列车如果采用机车牵引的方式，则对相关既有线无特殊要求，但跨线列车必须由适宜在高速线上运行的专用机车车辆组成；如果采用动车组方式，相关既有线必须电气化，跨线列车必须既适应高速线的技术条件，又适应相关既有线的技术条件。

这种方式可减少旅客的换乘，与换乘方式相比可更多地吸引客流。但高速线上将运行速度≤200 km/h 的中速列车，高中速列车速差较大、区间通过能力受到限制，行车组织较复杂。

### （三）国外高速铁路的基本做法

日本所有新干线（高速线路）都是 1 435 mm 的标准轨距，而既有线是 1 067 mm 的窄轨。高速铁路是独立的体系，一些旅客的换乘是必然的。1987 年民营化后 JR 东日本公司为提高东北新干线的效益，首先将山形线（福岛—山形 87.1 km）改成了标准轨（部分地段增设第三轨）；为适应山形线的限界，还专门开发了 400 系高速列车，并于 1992 年 7 月 1 日实现了东京—山形（目前已延长到新庄）直达旅客运输。为此客流增长了 56.7%。东京—山形的航班由原来的每日 5 班减为 3 班。由于直达旅客运输取得了较好的效益，1997 年 3 月 22 日东京—秋田对既有线进行相应的改造后，也开行了直达高速列车。到山形（新庄）和秋田的动车组随东北新干线上的高速列车，以 240 km/h 的速度分别运行至福岛与盛冈，分解后下高速线，在既有线（日本称其为小型新干线）上以 130 km/h 的速度分别运行至山形（新庄）和秋田。

法国在高速铁路还只有近 1 300 km 时，TGV 高速列车的运行范围就达到了 6 000 km 以上；德国高速铁路近 600 km 时，ICE 高速列车就在 4 000 km 左右的线路上运行了。

以上可以总结出以下两种趋势。

其一，为提高高速铁路的效益及整个的社会效益，高速铁路必须多吸引旅客。减少换乘是吸引旅客的重要手段之一。可以说尽可能开展直达旅客运输线路，减少换乘，是现如今各国共同努力的方向。

其二，开展直达旅客运输（输送跨线客流）的基本做法是“高速列车下高速线”。

### （四）跨线客流输送方式的选择

如前所述，换乘方式不但使旅客不方便，也未必容易实现。参照国际上的发展趋势，换乘方式只能有条件，有限度地采用，不能作为我国未来高速铁路跨线客流的主要输送方式。

主要采用下高速线方式输送跨线客流，在一定时期内，我国难以具备相应的技术条件和经济实力。因此，下高速线方式也不能作为我国未来高速铁路跨线客流的主要输送方式，只能有条件地采用。对于跨线运行方式的专用机车车辆或动车组，我国已初步具备了相应的生产能力，即速度在 200 km/h 左右，适宜在高速线上运行的跨线列车，完全可以自行生产。

综上所述，从我国的现实条件出发，跨线运行方式将是我国高速铁路一定时期内跨线客流的主要输送方式。以该方式为主，以换乘和下高速线方式为辅，承担起繁重的跨线客流输送任务。

### （五）高中速混跑在技术上是可行的

跨线运行的实质就是高中速列车共线混合运行，即高中速混跑。高中速混跑必然要求技术设备的“高中速兼容”和行车组织工作的“高中速兼顾”。这将增加技术和组织工作上的难度。技术上是否可行，取决于技术设备是否能高中速兼容，行车组织工作（软技术）是否能高中速兼顾。

1. 技术设备的高中速兼容

所谓高中速兼容就是既能运行高速列车，也可运行中速列车。如果跨线列车采用机车牵引的方式，中速机车应是专用的，完全可装备适应高速铁路信号制式的车载设备；如跨线列车采用动车组，则可装设既适应高速线也适应既有线信号制式的多种车载设备。信号设备的兼容性没有问题。根据国外的经验和我国的研究，线、桥、隧基础设施的兼容也是可以做到的，只不过与同等速度的全高速相比，要提高一些技术标准。

由于高速铁路技术的发展必须体现前瞻性，充分考虑进一步提高速度的需要与可能，因此主要基础设施应按 350 km/h 行车要求进行设计。这已基本涵盖了 300 km/h 与 160 km/h 的高中速混跑所要求的技术标准。

衔接站（主要枢纽）高速线与既有线的联络线，无论有没有跨线列车上、下高速线，从路网的机动性出发总是要修的。由于要运行跨线中速列车. 将增加部分越行站和股道数量，增加部分跨线列车的整备设备。

综上，技术设备的高中速兼容是可以做到的，也不会因此而较大幅度地提高技术标准及相应的投资。因而高中速混跑在技术上是可行的。

2. 行车组织的高中速兼顾

行车组织上高中速兼顾是指既要合理组织高速列车运行，也要保证中速列车的正常运行。这里人们关注的重点是两个问题：一是高速铁路的区间通过能力能不能适应；二是跨线列车上高速线前晚点会不会打乱高速铁路上列车运行的正常秩序。

（1）区间通过能力的适应性问题

据有关课题的研究，160 km/h 与 300 km/h 两种速度的列车混跑，中速列车的扣除系数将达到 3.5～4.0。在追踪列车间隔时间 $I$=4 min，中速列车占总行车量 30%～40%的情况下，非平行运行图能力可达 120 对左右。这一能力一般能满足近期预测运量的需求。远期中速列车逐步减少，高速列车逐步增加（减少 1 列中速列车约可实现增加 3 列高速列车）。一定时期内，高中速混跑尽管中速列车的扣除系数较大，但区间通过能力是适应的。

（2）跨线列车晚点的影响问题

我国铁路的旅客列车晚点的情况发生得比较普遍，因此出现担心跨线列车晚点打乱了高速铁路的列车运行秩序的情况，是可以理解的。其实跨线客流的三种输送方式都存在着晚点影响的问题。

换乘，尤其是一对一的换乘，如果需要接运的普通列车到晚、接续的高速列车只能相应晚点发出。其后果是高速列车始发就晚点。如果接续的高速列车仍正点发出，必然是放空车，晚到的跨线客流无列车接运。其后果是引起客流组织工作的混乱。只有当高速列车的安排不考虑换乘客流的接续，才能避免上述影响。但这种不考虑旅客换乘方便的做法，其后果是会导致客流大量流失，显然是不可取的。

下高速线方式中的高速列车在一般线路上运行就相当于普遍跨线列车，回高速线前的晚点概率与上高速线的跨线列车是相同的；所不同的是一旦晚点，在高速线运行的是晚点的高速列车，而不是晚点的跨线列车。

从发展的眼光看，随着铁路运输进入市场，旅客列车的晚点将有所遏制。一旦出现跨线列车上高速线前晚点，从调度指挥上可以做到不让其影响一大片。宁可让晚点列车增晚，也不会让其影响其他正点列车。这将是高速铁路调度指挥的一条重要原则。在运行图上将分别为跨线和高速列车预留一定数量的备用运行线，晚点列车如调整困难，可按就近的备用运行线运行。备用运行线如何预留，留多少，尚有待专题研究。

从以上的分析可以得出这样的结论：高速铁路只要不是一个封闭系统，都存在着跨线列车（或跨线客流）晚点的影响问题。跨线列车上、下高速线方式，其跨线列车上高速线前的晚点影响并不比换乘方式和高速列车下高速线方式相应列车到晚的影响严重。跨线列车一旦晚点，可以通过调度调整及预留备用运行线的方式，消除对其他正点列车的影响。

综上，行车组织上的高中速兼顾是可以办到的，高中速混跑在运输组织上也是可行的。

# 任务 3　高速铁路的列车运行图

## 一、高速铁路列车运行图的特点

### （一）高峰时段更加突出

高速铁路一般是客运专线，为旅客出行提供快捷、舒适的旅行条件是其运输组织工作的出发点。我国铁路客流平均行程为 400 多千米，这说明大部分旅客的出行距离在 400 km 以内；这部分旅客的出行规律大体上是早出晚归。高速铁路，尤其是京沪高速铁路也符合这一规律。

高速铁路的列车运行图的列车运行线的安排必须满足旅客出行规律的要求。这样早（6:30 ~ 9:30）晚（17:00 ~ 20:00）将形成列车密集发车及到达的高峰时间带。对于一条普通铁路而言，由于旅客列车对数较少，高峰时段旅客列车密集到发的情况不会十分明显，而高速铁路（或客运专线）在高峰时段的旅客列车，尤其是短途旅客列车几乎是按最小追踪列车间隔密集到发的。

由于高峰时段大量列车密集到发，造成运力资源利用的极不均衡，高峰时段全部投入运用，非高峰时段大量闲置。因此，高速铁路应对其高峰时段的运输能力（如到发线通过能力）及供电能力进行检算；应按高峰时段的数据检算动车组的需要量。

### （二）严格的旅行速度限制

在高速铁路上运行的是高速或跨线中速旅客列车，旅客之所以要花较多的钱乘坐这些列车，其主要原因是为了缩短旅途时间。高速铁路的最高运行速度，综合反映了其技术水平，也为缩短旅客途中的旅行时间提供了保障条件。因此，高速铁路的最高运行速度是最具魅力的技术指标。但最高运行速度并不等于可直接获得最短的旅行时间；只有旅行速度与旅行时间才存在这种直接关系。因此，旅客列车在高速铁路上运行时都应有一定的旅行速度要求，比如，京沪高速铁路北京—上海要求 6 h 以内到达。其相应的旅行速度必须在 220 km/h 以上；跨线中速列车的旅行速度不应低于既有京沪线 T13/14 和 T21/22 次列车的旅行速度，即不得低于 105 km/h。

在一定技术条件下，列车旅行速度与停站次数和停站时间有关。为提高服务频率，缩短旅客候车时间，中间站要求有较多的列车停站；为使旅客有充裕的时间上、下车，停站时间应长一点。高速铁路列车运行图在编制时要妥善解决“保证一定的旅行速度”与“提高服务频率”之间的矛盾。为保证跨线中速列车一定的旅行速度，必须尽可能地减少高速列车越行中速列车的次数，且尽可能使客运停站与越行相结合。

### （三）高弹性的运行线安排

保证列车的高正点率，列车运行图必须要有足够的应变能力，即具有高度的弹性；当列车运行紊乱时，要能尽快恢复正常，以保证能经常处于按图行车的状态。为此，列车运行线间要预留一定的冗裕时间，以减少个别列车晚点的影响；或者预留一定数量的备用线，让晚点列车按就近的备用线运行。

### （四）有效时间带的出现

高速铁路一般将 0:00 ~ 6:00 作为“天窗”时间，一来供线路及牵引供电设备的养护维修用，二来在高速铁路未成网前，高速列车的运行时间都比较短，0:00 ~ 6:00 无人乘车。由于“天窗”多采用矩形，列车又只能在 6:00 及以后出发，0:00 及以前到达，因此，对不同运行距离的列车就形成了有效时间带，见图 1.4。设列车运行在 A—B，平均旅行时间为 4 h，则 6:00 自 A 站发出的列车，10:00 到 B 站，0:00 到 B 站的列车在 A 站必须在 20:00 发出。

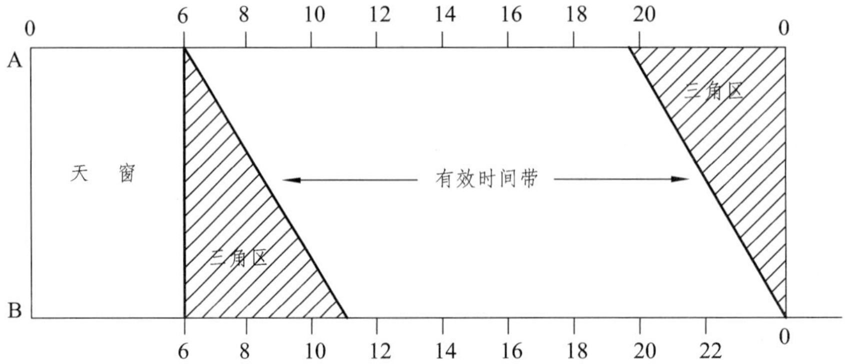


图 1.4 有效时间带示意图

该种列车只能铺画在 6:00 ~ 20:00。图 1.4 中的三角区对该种列车是无效的，只能用于铺画运行时间较短的列车。高速铁路列车运行图的铺画必须遵守并充分运用这一规律，以充分利用其区间通过能力。

## 二、列车运行图基本要素的确定

### （一）确定列车运行图基本要素的原则

列车运行图基本要素在一定程度上影响区间和车站通过能力的充分利用、运输设备的效率及列车的旅行速度。高速铁路列车运行图基本要素的确定应在保证列车运行安全的前提下，按先进的作业组织和操作方法进行确定。其采点时间可按 30 s 或 15 s 计。

### （二）高速铁路列车运行图的基本要素

以京沪高速铁路为例，高速列车最高运行速度 $V_{max}^{高}$ = 300 km/h；跨线中速列车最高运行速度 $V_{max}^{中}$ 的取值为 160 ~ 200 km/h。

1. 追踪列车间隔时间

高速列车按 3 min 设计，近期按 4 min 使用；

跨线列车按 4 min 设计和使用。

在按 4 min 使用的条件下，根据《京沪高速铁路设计暂行规定》（下册）的规定，各种追踪列车间隔时间的取值见图 1.5。

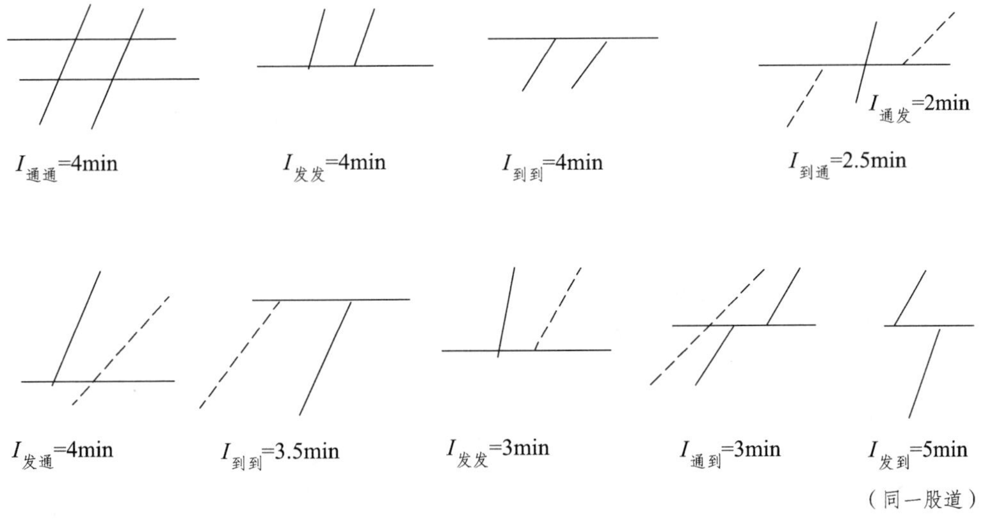


*图中虚线为中速列车

图 1.5　各种追踪列车形式及其取值

2. 列车区间运行时间

高速及跨线列车运行时间应采用牵引计算确定。

3. 列车起停车附加时间

起停车附加时间采用牵引计算结果（但高速及跨线列车的起车附加时分最好不大于 2 min，停车附加时分最好不大于 1 min）。

4. 列车在站停车时间

高速列车在枢纽客运站为 2 ~ 5 min，在中间站 1 ~ 3 min；线列车在枢纽客运站为 4 ~ 6 min，在中间站为 2 ~ 4min。

5. 动车组折返时间

在站立即折返 20 ~ 25 min。入段作业 60 min 加自车站至动车段往返走行时间。

6. 天窗时间内按单线行车时的车站间隔时间

不同时到达时间 $\tau_{不}$=3 min ；会车间隔时间 $\tau_{会}$=1 min ；不同时通过连接双线和单线车站的时间 $\tau_{不通}$=4 min ，见图 1.6。

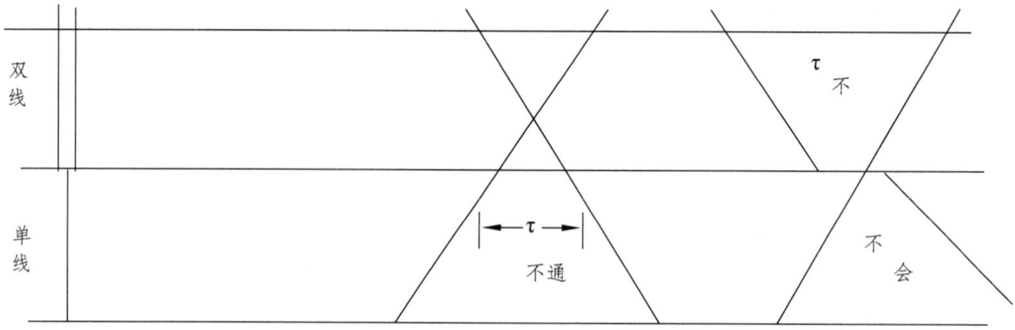


图 1.6　车站间隔时间示意图

## 三、综合维修天窗的设置

### （一）综合维修天窗的设置形式

双线线路维修天窗分矩型和 V 型两种基本形式。在某种情况下，可以部分采用 V 型，部分采用矩型；将两者对接起来从而构成 Y 型天窗。

采用矩型天窗的优点是：

（1）作业时间集中，大型养路机械作业和接触网维修可同时进行。

（2）上下行接触网同时停电，相互无电气干扰，可保证检修作业的安全。

（3）两线同时停电，电务部分的两线维修可同时进行，便于安排施工计划。

而采用矩型天窗的问题是：

（1）跨线列车不能在检修天窗时间段内上、下高速线，将对部分既有线跨线列车上、下高速线的衔接时间的选择，带来一定的困难，夕发朝至列车也无法运行。

（2）检修天窗的额外影响时间带比较长，对通过能力有较大的影响。

（3）晚点列车一旦跨天窗，无法继续运行，将给列车运行组织带来严重后果。

V 型天窗的优点是：

（1）上、下方向的检修天窗分设，作业时间相对分开，便于均衡地安排检修人员进行作业。

（2）天窗时间内始终保持一线行车，通过组织列车反向运行，便于上、下行列车均衡安排，尤其便于跨线列车运行。

（3）在日常工作中，通过适量平移检修天窗时间，可避免晚点列车“停车等天窗”现象发生。

而采用 V 型天窗的问题是：

（1）上、下行分线检修，在部分地段可导致上、下行线路检修作业的相隔时间较长。

（2）检修天窗位于 0:00 ~ 6:00 时间域之外时，将影响非全程旅客列车的开行数量。

（3）一线检修，另一线运行列车时，将对检修人员的人身安全产生一定的影响。

国外由于高速铁路较短，加上国土面积小，列车一般运行距离较短。所以夜间（0:00 ~ 6:00 点）不行车，可以用于设备的养护与维修。针对我国京沪高速铁路而言，全长 1 300 多 km，在相当长的时期内还将运行跨线中速列车，这样将在以下两方面制约维修天窗设置方式的选择：

第一，由于京沪高速铁路较长，开设 V 型天窗将延伸到每天 0:00 ~ 24:00；而白天正是高速列车运行的时段，一线维修，另一线以最高速度 300 km/h 运行，保证不了作业人员的安全。因而 V 型天窗不可取。

第二，由于我国国土面积大，一般列车的运行距离都较长，再加上上高速线的中速列车较多，又来自铁路网的四面八方，很难躲过某一时段。这些列车要求高速铁路能允许其上线 24 小时运行。因此，开设矩形天窗也不能满足运营要求。同时在长大干线上的高速铁路，为适应运输市场需求，夜间有可能需要开行夕发朝至列车。这也要求夜间能行车。

V 型、矩形都不可行，当然 Y 型也不可行了。

### （二）单日维修下行线，双日维修上行线的构想

根据以上分析，长大干线上的高速铁路维修天窗的设置方式只能是另辟蹊径。以京沪高速铁路为例，该线全长虽达 1 300 多千米，但高速列车全程运行时间也只有 5 ~ 6 h，因此夜间不会安排高速列车运行，即使开行部分夕发朝至列车，其速度也将在 160 km/h 左右（与跨线中速列车相同）。因为该列车的运行时间一般应延长到 9 小时左右，否则不利于乘客在车上休息而无人乘坐。同时在夜间（0:00 ~ 6:00）的几小时内，在高速线上运行的中速列车也不会很多。根据以上分析，有以下两点可作为确定京沪高速铁路选择维修天窗设置方式的依据：

第一，夜间无高速列车运行，为在夜间一线维修，一线行车（速度约为 160 km/h）的作业安全创造了条件。

第二，夜间只运行少量的中速列车和夕发朝至列车，其行车量不大，天窗时间内这些列车在非维修线路上按单线组织行车便基本可以满足要求。

因此，设想在 0:00 ~ 6:00，单日维修下行线、双日维修上行线（或构成一条单线通道）。在维修时间内，非维修线路按单线行车的要求，组织跨线中速列车和夕发朝至列车运行。这种维修方式很有规律，便于日常工作，也有利于列车运行。

### （三）围绕维修天窗的设置需深化研究的问题

单日维修下行线、双日维修上行线，维修时间内保持一条单线行车条件的维修方式是否可行，尚有以下一些问题有待深入研究。

（1）这种天窗设置方式对一条线路而言，实质上是两天养护维修一次，这对行车量及通过总重有无限制，为保证行车安全还应采取哪些附加措施？

（2）在一线维修，一线行车的情况下，应采取哪些安全防护措施？

（3）单线行车时段的通过能力，行车量需求，设站方案三者间的协调。

## 四、列车运行图的编制

### （一）编制原则

1. 充分保证列车运行的安全、正点

高速铁路上运行的都是旅客列车，而且运行速度又比较高，行车安全是至关重要的。因为一旦发生事故，都将是毁灭性的，将造成上百人的伤亡。另外随着时间观念的增加，人们越来越注重时间的充分利用，因此除提高速度外，列车的正点运行已成为运输质量研究的重要内容。只有列车运行正点，旅客才能合理地安排和利用自己的时间。

保证列车运行安全，编制列车运行图时必须严格遵守各种间隔时间标准及运行时分的限制。如果将高速铁路引入既有铁路枢纽后，高速线上列车运行与接发列车进路有交叉干扰，列车运行线的安排，应避免敌对进路的出现。为提高列车运行的正点率，列车运行线间要留有一定的冗余时间，保留一定的应变弹性，一旦个别列车晚点，有调度调整的余地。在运行图上还应设置若干备用线，有的晚点列车可利用备用线运行。

2. 最大限度地为旅客提供方便

由于列车运行图是行车组织工作的核心，除保证列车运行的安全、正点外，一张好的运行图还能为旅客提供极为方便的乘车条件。这些条件包括为不同旅客服务的列车的运行线的安排要符合其出行规律。比如上班、上学客流以及早出办事或旅游，傍晚回归的客流，在相应的车站应安排早（6:30 ~ 9:00），晚（16:30 ~ 19:00）列车密集到发；白天办完事愿意夜间返回的旅客应安排相应的夕发朝至列车，这种列车的夜间运行时间一般应在 9 h 以上，以保证旅客有足够的睡眠时间。为便于旅客乘坐自己认为合适的车次，一些核心列车的到发点宜多年固定不变；同类列车在运行图上应尽可能均衡地排列，并且要有规律，比如每隔一小时一趟，或每隔两小时一趟……。列车运行图还必须保证各车站的旅客一天中有较多可乘坐的车次供其选择，即必要的服务频率。由于必须保证旅客列车有较高的旅速，要限制列车的停站次数；相同发到站的列车可采取交替停站的办法。这样有可能造成高速线上，两站（尤其客流到发量较少的两站）间的到发客流无车可乘（有出发列车无到达列车，或有到达列车无出发列车），即所谓的“盲点”。运行图的编制中必须注意消灭“盲点”。

3. 统筹协调高速线与既有线的衔接问题

我国高速铁路建设一般都与铁路扩能相结合，都是沿特别繁忙的干线而修建的。因此，高速铁路都要与既有线相连接，成为铁路网的组成部分，而不是独立系统。为输送跨线客流，无论是采取跨线列车上、下高速线还是采取高速列车下高速线的方式，都存在着高速线与既有线列车运行线的衔接问题。即使是采取换乘方式，接续车次也有衔接问题。

高速线与既有线列车运行线的衔接，涉及全路旅客列车运行方案的编制问题，不可能要求凡与高速线有关的列车，都服从高速线的安排。如果是以高速线为中心，既有线服从高速线，则既有线上旅客列车的运行方案可能很不合理，甚至不可行。因此高速线与既有线相关的列车运行线必须统筹安排、互相照顾。上高速的中速列车，在高速线任何时间都可能存在，因此，高速线维修天窗的设置必须考虑这一因素。高速线与既有线列车运行线的衔接是一个复杂的统筹优化问题，是谋求两者最好的经济及社会效益问题，涉及两线运输资源的有效利用及对客流的吸引能力。

4. 合理利用运输能力

我国高速铁路客源十分充足，建成后客流量就比较大；因此，列车运行图的编制必须考虑合理利用运输能力的问题。为合理利用运输能力，在满足旅客出行规律需求的前提下，必须处理好以下问题。

（1）高中速列车运行线的排列。

高速铁路区间长，而高、中速列车的速度差又比较大，因而前后两高、中速列车所形成的空费时间较长，能力损失很大。为减少其损失，可组织两列中速列车追踪运行，但这要受到全路客车方案的约束；实际编制中，中速列车的追踪运行几乎是随机的。在某些情况下，前后两列高、中速列车所造成的空费时间，可以被短途高速列车或空车底回送利用。凡可利用的空费时间应充分利用。

（2）长、短途高速列车运行线的排列。

在非天窗时间（如 6:00 ~ 24:00）内，不同运行距离的列车都有自己的有效时间带。在有效时间带内应优先安排长途列车。剩余的短途列车运行线可利用长途列车有效时间带以外的三角区。

（3）动车底的套用。

动车组的套用不仅能节省投入运用的车组数量，也是涉及运输能力利用的问题。列车运行图的编制中要尽可能杜绝出现空车底的回送和调配。为此，动车底要灵活运用，可反向（折返）套用，也可顺向（同一方向的两列车）套用。非枢纽站夜间最后一班车应尽可能驻留该站，以供次日首发列车使用。

上述列车运行图的编制原则是互相制约的，编制列车运行图的技巧和艺术，就是巧妙地贯彻上述原则，处理好各种关系。

### （二）编制过程

1. 中速列车衔接点的确定

在旅客列车开行方案已确定的情况下，可进行列车运行图的编制，把开行方案落实到具体的运行线上。为此，首先应根据全路（全国）旅客列车的开行方案，确定中速列车（含下高速线的高速列车）由既有线上高速线的时间，即在高速线上的首次发车时间以及中速列车由高速线下既有线的时间，即在高速线上的最终消失时间。有了以上两种时间，结合高速列车的发车点，采取顺推和倒推的方式，则可铺画中速列车运行线。

2. 高速列车发车点的设定

首先安排核心列车（如北京至上海的直达列车等）、为早出晚归旅客服务的列车和夕发朝至等列车的发车点。在此基础上，相对均衡地分布各种列车的发车点，但列车的发车点必须在各自的有效时间带之内。

3. 列车运行线的铺画

无论是人工铺画还是用计算机铺画，都允许在一定范围内，移动列车的始发点，但挪动高速线与既有线列车运行线的衔接点，要再次与全路客车开行方案协调。无论是高速列车还是中速列车，铺画的运行线都必须体现事先设定的停站方案。杜绝出现以减少停站（降低服务频率）来换取较高的旅速。

4. 备用运行线的铺画

客运专线，尤其是高速铁路，应根据运输能力的利用情况，铺画一定的备用运行线供运行调整用。备用运行线分别按高、中速列车均衡铺画在各个时间段；备用运行线一般应设较多的停站，以备灵活运用。备用运行线的设置应不影响正式运行线的铺画，尤其不能降低列车的旅行速度。计算区间通过能力利用率时，不应计入备用运行线。备用运行线的设置也可与季节性列车运行线相结合。

5. 列车运行图指标的计算

高速铁路列车运行图应分别计算以下指标。

（1）两站间（如北京—上海）直达高速列车的旅行时间及其旅行速度（h、km/h）;

（2）高速列车平均旅行速度（km/h）;

（3）跨线列车平均旅行速度（km/h）;

（4）长编组和短编组高速动车底投入运用的数量（组/日）;

（5）高速和跨线列车列车公里（列·km/日）;

（6）长、短编组高速动车底平均每个车底的列车公里（km/列·日）等。

# 任务4　高速铁路的区间通过能力

## 一、高速铁路区间通过能力的特点

高速铁路一般是客运专线，区间通过能力应是放行高速列车的能力。旅客列车的停站规律是各不相同的，这不同于一般的货物列车。如果同一区段内运行的都是货物列车（摘挂及有甩挂作业的列车除外），则所有列车在区段内的技术作业停站地点、停站时间都是一致的。对于高速铁路（或客运专线）而言，如果同一区段运行的都是高速列车（或旅客列车），则由于客运分工的不同，在区段内的停站地点、停站时间各不相同；有的特、直快列车在区段的两端车站也不停站，如京沪线上的 K13、K14 除在济南和蚌埠换挂机车外，在沿途各枢纽大站都不停车。严格讲高速铁路没有普通铁路那样的行车区段，这里所讲的区段是指两枢纽间构成的客运区段。

高速铁路按客运区段计算出来的高速列车区间通过能力有以下特点：

（1）平行运行图通过能力是由不同运行距离的长短途列车区间通过能力组成的（见图 1.7）。

（2）平行运行图通过能力只是一种假设，是能力计算中的一个步骤。严格讲是客运专线，都不存在平行运行图问题。

（3）高速列车由于停站规律不同，相对平行运行图而言，也有扣除系数。

（4）由于计算的是放行高速列车的能力，在高中速混跑的情况下，是低速列车扣高速列车。这在分析方法及概念上不同于普通铁路。

由于存在上述特点，如何计算高速铁路的区间通过能力，是我们面临的新课题。

## 二、高速铁路平行运行图能力的计算

以京沪高速铁路为例，我们将其划分成 6 个区段，详见图 1.7。

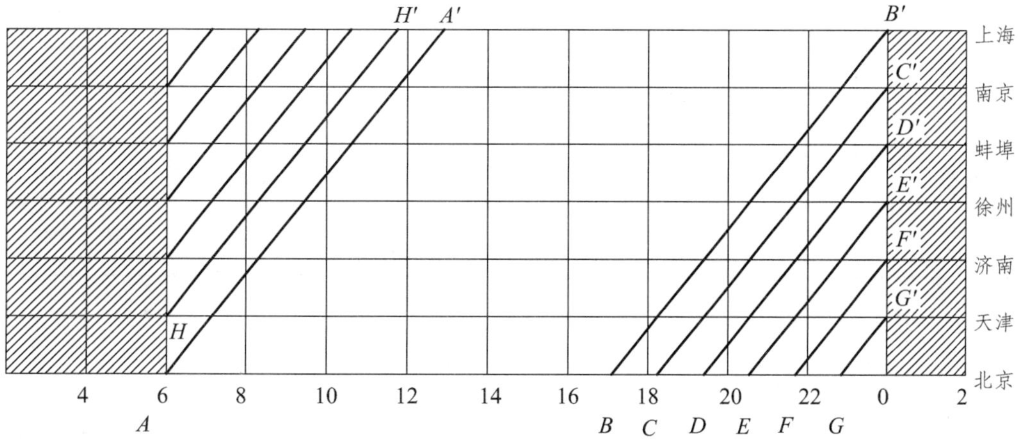


图 1.7　平行运行图能力示意图

北京—天津间的平行运行图（假定高速列车沿途都不停车）能力为：

$$N_{京津}=n_{京沪}+\Delta n_{京宁}+\Delta n_{京蚌}+\Delta n_{京徐}+\Delta n_{京济}+\Delta n_{京津}=\frac{AG}{I}$$
$$=\frac{AB}{I}+\frac{BC}{I}+\frac{CD}{I}+\frac{DE}{I}+\frac{EF}{I}+\frac{FG}{I}\text{（列）} \tag{1.2}$$

式中

N：京津：北京—天津的区间通过能力（列）；

n 京沪：开行北京—上海的列车有效的区间通过能力（列）；

$\Delta n_{京宁}$、$\Delta n_{京蚌}$、$\Delta n_{京徐}$、$\Delta n_{京济}$、$\Delta n_{京津}$：在 n 京沪的基础上，分开行北京—南京、北京—蚌埠、北京—徐州、北京—济南、北京—天津所增加的区间通过能力（列）；

AG：除天窗时间外，北京—天津发车的有效时间带；

AB：开行北京—上海的列车的有效时间带；

BC、CD、DE、EF、FG：在 AB 的基础上，分别开行北京至南京、蚌埠、徐州、济南和天津所增加的有效时间带；

$I$：高速列车的追踪列车间隔时间（min）。

由图 1.7 可以看出，天津—济南的区间通过能力为：

$$N_{津济}=N_{京津}-\Delta n_{京津}+\Delta n_{京沪}=N_{京津}-\Delta n_{京津}+\frac{H'A'}{I}\text{（列）} \tag{1.3}$$

式中　$H'A'$：在 AB 的基础上，开行天津一上海列车所增加的有效时间带。

同理可以计算出其他各段的区间通过能力。由图 1.7 可以看出，某一段的区间通过能力，是由不同运行距离的列车的区间通过能力所组成的。长距离列车的能力可以为短距离列车所利用，但短距离列车所增加的能力，不能用于铺画长距离列车，京沪高速铁路平行运行图的区间通过能力见表 4.1。

表 4.1　京沪高速铁路平行运行图区间通过能力　　　　单位：列

| 站名 | 北京 | 天津 | 济南 | 徐州 | 蚌埠 | 南京 | 上海 | 下行合计 | 上行合计 |
|---|---|---|---|---|---|---|---|---|---|
| 北京 | | 17 | 17 | 9 | 10 | 17 | 193 | 263 | — |
| 济南 | 246 | 7 | | 9 | 10 | 17 | 217 | 253 | 253 |

续表

| 站名 | 北京 | 天津 | 济南 | 徐州 | 蚌埠 | 南京 | 上海 | 下行合计 | 上行合计 |
|---|---|---|---|---|---|---|---|---|---|
| 徐州 | 229 | 7 | 17 |  | 10 | 17 | 234 | 261 | 253 |
| 蚌埠 | 220 | 7 | 17 | 17 |  | 17 | 243 | 260 | 261 |
| 南京 | 210 | 7 | 17 | 17 | 9 |  | 243 | 253 | 260 |
| 上海 | 193 | 7 | 17 | 17 | 9 | 10 |  |  | 253 |

注：追踪列车间隔时间取 4 min，天窗时间取 360 min。

## 三、高速列车的扣除系数

高速列车在通过某一站时，有的停站，有的不停站，停站的列车将多占用一些区间通过能力，因而产生了额外扣除，一般停站附加时间由三部分组成，即：$T_{停}=t_{停}+t_{站}+t_{起}$，起停车附加时间 $t_{停}+t_{起}=2\ \text{min}+1\ \text{min}=3\ \text{min}$，在站停留时间 $t_{站}$ 主要是为了满足旅客上下车需要，一般取 2 min，如图 1.8 所示。

一次停站的额外扣除为：

$$\varepsilon'=\frac{T_{停}}{I}=\frac{2+1+2}{4}=1.25$$

如果停站率为 20%，而且按图 1.9 的方式规格化，则高速列车平均扣除系数为 $\varepsilon=[5+1.25]\div 5=1.25$

高速列车的停站率超过 20%，或者停站时间超过 2 min，或者打乱了由远及近的停站规律，或缩小高速列车的追踪列车间隔时间，都将增加高速列车自身的扣除系数。

## 四、高中速列车混跑条件下的区间通过能力

凡旅客列车都必须保证必要的最小旅行速度，这是与一般货物列车相比的不同之处，上高速线的跨线中速列车更是如此。如果上高速线的中速列车的旅行速度还不如在既有线上高，就失去了上高速线的意义。研究高速铁路非平行运行图能力，必须立足于旅客运输质量的需求。这一点很重要，可以说是观念的根本转变。高速线上最高运行速度 160 km/h 的跨线中速列车其平均旅行速度至少应在 100 km/h 以上。以此为前提，研究高中速混跑模式的高速铁路区间通过能力及相应的站间距离是比较切合实际的，也是合理的。

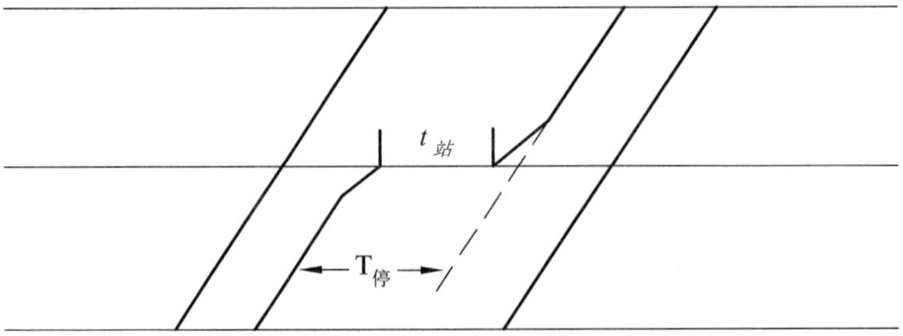


图 1.8　列车停站产生额外扣除示意图

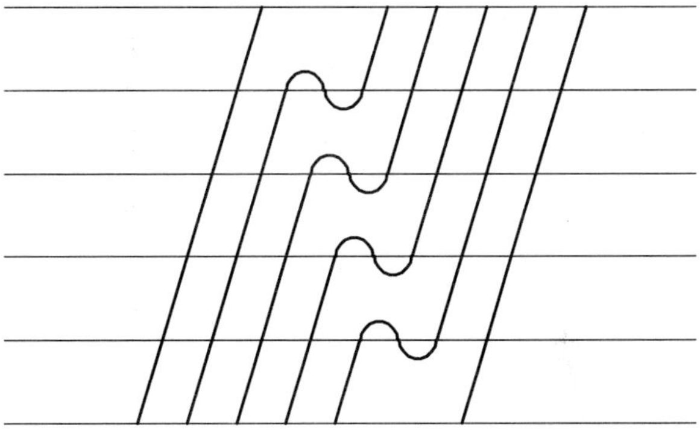

图 1.9　规格化运行图示意图

设高速列车最高运行速度 $V_{\max}^{高}=300\text{ km/h}$，其平均运行速度 $V_{cp}^{高}=270\text{ km/h}$；跨线中速列车最高运行速度为 $V_{\max}^{中}=160\text{ km/h}$ 和 $V_{\max}^{中}=200\text{ km/h}$ 两种，且跨线中速列车在高速线上的运行速度一般不受线路条件的限制，其平均运行速度可近似于最高速度，即 $V_{cp}^{中}=V_{\max}^{中}$；追踪列车间隔时间 $I$=4 min；中速列车起停车附加时间 $\tau_{起}$=2 min，$\tau_{停}$=1 min；高速列车越行跨线中速列车时（见图 1.10），$\tau_{到通}$=3 min，$\tau_{通发}$=2 min。

如要求 $V_{\max}^{中}=160\text{ km/h}$ 时，其旅行速度分别达到 $V_{Lu}^{中}=100\text{ km/h}$ 和 $V_{Lu}^{中}=120\text{ km/h}$；$V_{\max}^{中}=200\text{ km/h}$ 时，其旅行速度分别达到 $V_{Lu}^{中}=125\text{ km/h}$ 和 $V_{Lu}^{中}=150\text{ km/h}$。则：中速列车纯运行时间（不含起停车附加时间）与停站损失时间（含起停车附加时间）之比分别为 5：3；3：1 和 5：3；3：1.

根据上述条件及跨线中速列车纯运行时间与停站损失时间的比例，可求出高中速列车的各种比例，跨线中速列车（相对均衡排列）被高速列车越行时的最短距离及相应的区间通过能力（详见参考文献[6]）。

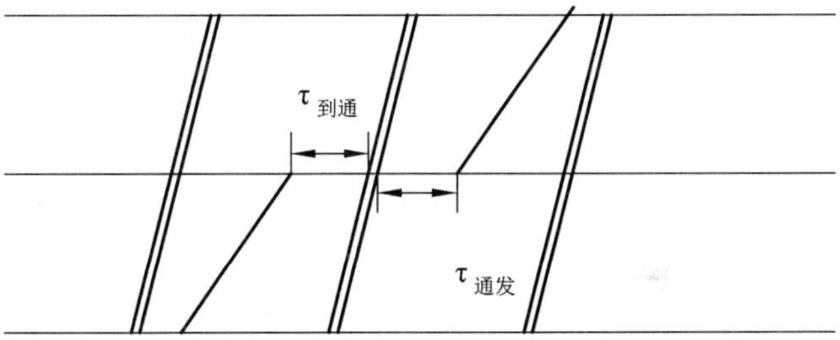


图 1.10　商速列车越行中速列车示意图

根据有关研究，跨线中速列车速度系数为 0.625 的情况下，相应的区间长为 54 ~ 90 km。高中速列车混跑的区间通过能力约在 120 对左右。

## 五、高速铁路区间通过能的概算公式

### （一）高速铁路平行运行图的区间通过能力

$$N=\frac{1440-Tw}{I}-\frac{60\times S}{V\times I} \tag{1.4}$$

式中　$N$——平行运行图通过能力（对或列）；

$Tw$——综合维修天窗时间（min）；

$I$——追踪列车间隔时间（min）；

$S$——客运区段长度或一次开设“天窗”地段长度两者中较小值（km）。

### （二）全高速列车的区间通过能力

$$N_{全} = \frac{N}{\varepsilon_{高}} \tag{1.5}$$

$$N_{全}^{时} = \frac{60}{I\varepsilon'_{高}} \tag{1.6}$$

式中　$N_{全}$——全高速列车的区间最大通过能力（对或列）；

$\varepsilon_{高}$——高速列车扣除系数，一般取 1.2 ~ 1.3；

$N_{全}^{时}$——全高速列车的小时区间最大通过能力（对或列）；

$\varepsilon'_{高}$——计算时间内高速列车扣除系数，$\varepsilon'_{高}$=1 ~ $\varepsilon_{高}$。

$$N_{全}^{使} = N_{全}K_{使} \tag{1.7}$$

式中　$N_{全}^{使}$——全高速列车的区间使用能力（对或列）；

$K_{使}$——区间通过能力使用系数，（能力利用率）一般取 0.80 ~ 0.85。

### （三）高、中速混跑的区间通过能力

$$N_{混} = N_{高} + N_{中} = N_{全} - N_{中}\varepsilon_{中}/\varepsilon_{高} + N_{中} \tag{1.8}$$

式中　$N_{混}$——高、中速共线混合运行条件下区间最大通过能力，它等于高速列车和中速列车之和（对或列）；

$N_{中}$——指定铺画的中速列车数（对或列）；

$\varepsilon_{中}$——中速列车扣除系数，一般约 3.5 ~ 4.0；

$N_{高}$——在铺画指定数量的中速列车 $N_{中}$ 的条件下，最多能铺画的高速列车数（对或列）。

$$N_{混}^{使} = N_{全}^{使} - N_{中}\varepsilon_{中}/\varepsilon_{高} + N_{中} = N_{全}K_{使} - N_{中}\varepsilon_{中}/\varepsilon_{高} + N_{中} \tag{1.9}$$

式中　$N_{混}^{使}$—高中速共线混合运行的区间使用能力（对或列）。

### （四）线路输送能力

1. 一列高速列车年输送能力

$$P_{高} = (365A_{高}\lambda_{高})10-4 \tag{1.10}$$

式中　$P_{高}$——高速列车年输送能力（万人/年·列）；

$\lambda_{高}$——高速列车客车满足率，一般取 0.7 ~ 0.8；

$A_{高}$——高速列车定员（人/列）。

2. 一列跨线中速列车年输送能力的基本关系式如下：

$$P_{中} = (365 A_{中} \lambda_{中}) 10 - 4 \quad (1.11)$$

式中　$P_{中}$——中速列车年输送能力（万人/年·列）；

$\lambda_{中}$——中速列车客车满足率，一般取 0.8 ~ 0.85；

$A_{中}$——中速列车定员（人/列）。

3. 全高速列车的线路输送能力

$$\Gamma_{年} = N_{全} K_{使} P_{高} \quad (1.12)$$

式中　$\Gamma_{年}$——高速铁路线路输送能力（万人/年）。

4. 高、中速混运的线路输送能力

$$\Gamma_{年} = N_{高}' P_{高} + N_{中} + P_{中} \quad (1.13)$$

式中：$N_{高}'$——高中速混运条件下的高速列车使用能力（列）。

$$N_{高}' = N_{全} K_{使} - N_{中} \varepsilon_{使} / \varepsilon_{高} \quad (1.14)$$

# 任务 5　高速铁路的调度指挥

## 一、高速铁路综合调度系统设置方案

### （一）国外高速铁路调度系统

目前国外高速铁路调度系统大体上可分为两种类型：一类是以法国和德国为代表，基本沿袭既有铁路的传统模式，我们称之为“传统型”；另一类是以日本为代表，根据高速客运专线的特点和需要，构建的调度系统，我们称之为“综合型”。

法国和德国高速铁路的运营管理尚未形成独立的系统，其调度系统的构建思想受既有线的影响和制约，其业务仅包含客运组织、行车组织及移动设备（机车、车辆）方面的调度，系统结构较为简单，功能较弱；在协调配合、应急处理等方面，不太适应高速度、快节奏、时效性强的要求。

日本的新干线（高速铁路）基本上是独立的系统，其调度系统的构建完全摆脱了既有线的桎梏，充分考虑了高速行车所伴随的高风险性及行车安全对调度系统的依赖性，突出了安全的重要地位；充分考虑了高速客流有效利用时间的强烈愿望，把正点作为工作核心。从广义运输系统的概念出发，构建集各种功能为一体，总体功能强大的综合调度系统。综合调度系统除传统型系统所包含的全部业务外，还设置了线路的管理、维修、保养，供电系统的监视、遥控，通信信号系统的监控、检修，灾害的预报、预警，事故抢修等业务。

综合调度系统必须以现代化的新技术新设备作为支撑条件，为各业务调度台提供良好的工作环境。日本的综合调度系统已从 COMTRAC 系统发展成 COSMOS 系统。后者较前者实现了更大范围的集中，把动车组基地管理以及线路的维修作业管理等全部集中到调度中心。

COSMOS 系统具有如下功能。

（1）运输计划管理。

（2）列车运行管理。

（3）机车车辆管理。

（4）维修作业管理。

（5）设备管理。

（6）电力管理。

（7）信息集中监视。

（8）车站作业管理。

日本的综合调度系统，尤其是 COSMOS 系统，几乎包括了运输生产全部的调度管理业务。

综合调度系统中的调度中心，一般都设有以下调度站。

（1）列车（行车）调度台。

（2）旅客调度台。

（3）动车组调度台。

（4）电力调度台。

（5）通信信号调度台。

（6）维修调度台。

日本新干线运营时间已超 40 年，累计运送旅客 65 亿人次以上，目前每天运行 800 多列以上的高速列车，迄今未发生过一次因行车事故而引起的旅客伤亡，平均列车晚点时间在 1 min 以内。综合调度系统为这些成绩的实现立下了汗马功劳。日本专家从实践中会得出“对安全无误、顺利运行的新干线来说，最重要的是‘综合调度室’这一夜以继日劳动着的新干线大脑”这一见解不无道理。

### （二）高速铁路综合调度系统的设置方案

1. 我国铁路的调度系统

我国铁路运输调度系统由四级调度机构组成。即中国铁路总公司调度中心，铁路局总调度室，分局调度所，各站段调度室。在这四级机构中，分局调度所是直接指挥列车运行的，各站段调度室是具体执行者；而铁道部和铁路局两级是全路及路局运输日常计划的编制与分解机构，以分界站为基本控制点，在宏观上控制机车、车辆及车流，使其均衡交接。

分局调度所的组成见图 1.11。其特点是：分工负责、统一领导；共同协作、相互制约。分局调度所的各个工种（业务调度台）在日计划主任的统一领导下围绕日（班）计划的编制和执行，按分工开展工作，各专业工种分别统一领导下一级调度进行工作。在整个组织过程中始终贯穿了统一和分工的原则。

分局调度组织过程是一个“流水线”，每个工种在这个过程中仅仅完成一部分工作，在数据流程上各工种是相互依存的关系，通过数据的交换关系实现对其的管理要求，并以此作为权限和考核的标准。

从图 1.11 可看出，现有的调度机构主要都是针对货物运输而设置的，与旅客运输有关的只有一个客运调度台，而列车调度台的主要工作是安排与指挥调度区段内的调车作业及货物列车的运行。各级调度的日班计划的内容主要是“装、卸、排”及货物列车的开行计划。因此，高速铁路综合调度机构将有别于现行调度系统，必须根据“高速”及“客运专线”的特点进行构建。

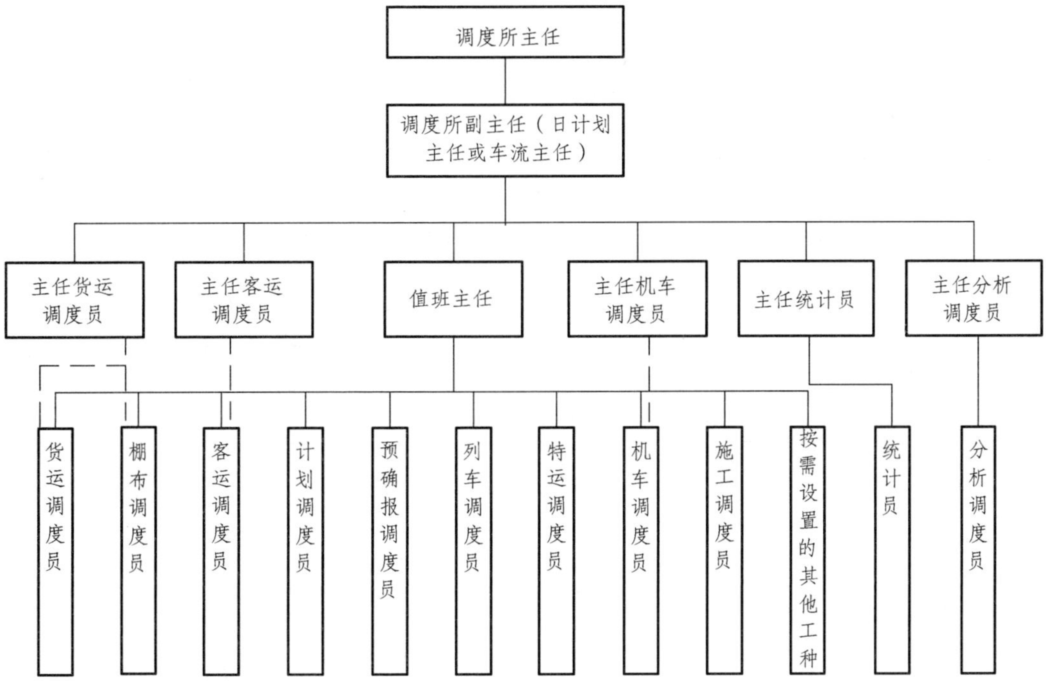


图 1.11　分局调度所组织结构图

2. 高速铁路综合调度系统的基本结构

以京沪高速铁路为例，该线全长 1 300 余千米，衔接 20 余条干支线，由于要运行跨线列车，因此它是一个开放系统。但由于它是客运专线，旅客列车运行的规律性很强，且大部分系本线到发的高速列车，其调度系统除衔接站需交换跨线列车相关的信息外，与现有铁路调度系统几乎无其他调度业务往来。因此，高速铁路调度系统可以建成一个独立于现有铁路调度系统之外的独立系统。

京沪高速铁路无论采用什么样的管理模式，全线旅客列车的运行都可以（也应该）统一编制计划，统一调度指挥。按照这一原则，全线可设一个综合调度中心，这个中心相当于现有铁路调度系统中的分局调度所，其上不再设调度机构。综合调度中心直接指挥日常运输生产，它以行车为核心，围绕安全、正点，通过各专业调度台，向基层站段发布调度命令。基层站段是受令后的执行机构，按调度中心的命令组织实施。一个中心，两级管理，是高速铁路调度系统的基本结构。

综合调度中心之上是高速铁路公司，公司各业务部根据营销业务以及长远发展的需要，可对相关业务调度台发布非调度指挥性的指示，但一切调度命令必须通过相关业务台发布。再上一层的指示一律由公司相关部门接受；也就是说高速铁路调度系统一般不直接接受现有铁路调度系统的指令。综合调度中心与既有线相关调度所是平等关系，两者之间按协议开展协作及交换信息。

高速铁路沿线（现场）与调度系统有关的有两类：一是受控系统，如运行中的列车群，供电所、事故现场，维修现场等；二是信息源系统，如综合检测车、地面监测系统、灾害监测系统，人工监测系统等。

高速铁路综合调度系统的基本结构见图 1.12。

3. 综合调度中心业务调度台的设置方案

针对我国京沪高速铁路的特点，参照日本新干线综合调度机构的设置情况，京沪高速铁路综合调度中心拟设：计划调度台、列车调度台、动车底调度台、电力调度台、综合维修调度台、旅客服务调度台、防灾安全监控台。综合调度中心在行政领导中心主任之下设值班主任（即调度长）1 人，视业务量可设 1 ~ 2 名值班主任助理，协助值班主任工作。各业务调度台只设调度员（不再设总调度）。综合调度中心结构如图 1.13 所示。

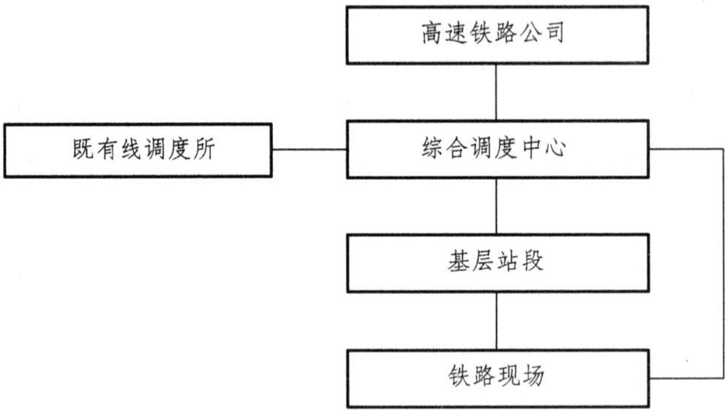


图 1.13　高速铁路综合调度系统基本结构图

（1）计划调度台。

高速铁路综合调度中心的计划调度台，其列车运行计划的编制工作比分局调度所的计划台简单，一般旅客列车的加开和停运都是事先由公司主管部确定的，而不是由日常调度日计划确定的（因事故的除外）。由于旅客列车运行计划相对比较固定，调度日计划的编制只不过是一种确认程序。因此与列车运行计划有关的动车底运用计划（周转图及检修计划），乘务组乘务计划等都可由计划台一并编制。这样计划台就是一个综合性的调度台，利用该系统及相关数据可完成调度中心的日常统计分析业务。

（2）列车调度台。

列车调度台也叫行车调度台。其基本任务是根据列车运行计划组织本调度区段的列车安全、正点运行。在列车运行紊乱的情况下，编制调整计划，并下达调整命令。现代化的调度系统，列车调度台应能控制本调度区段的列车进路，监视其列车运行。列车的运行只受命于本区段的当值调度员。特殊情况下，车站行车人员也可办理车站的行车进路，转达列车调度员的有关命令。列车调度台是综合调度中心的核心。

（3）动车底调度台。

主要任务是掌握动车底应用。具体任务是执行计划调度台制定的动车底、跨线动车底运用计划及乘务组乘务计划；根据列车调度台的调整计划，相应地调整上述计划。动车底调度台是围绕行车调度台工作的，也可对列车运行调整方案提出建议。根据动车组的修制、修程及其技术状态，适时安排动车底入段检修。

在跨线列车采用机车牵引方式时，还应研究中速机车的运用、管理及维修问题。跨线动车底由于要适应在既有线上运行的需要，其装备及编组将有别于本线上运行的动车底，故应单独掌握。

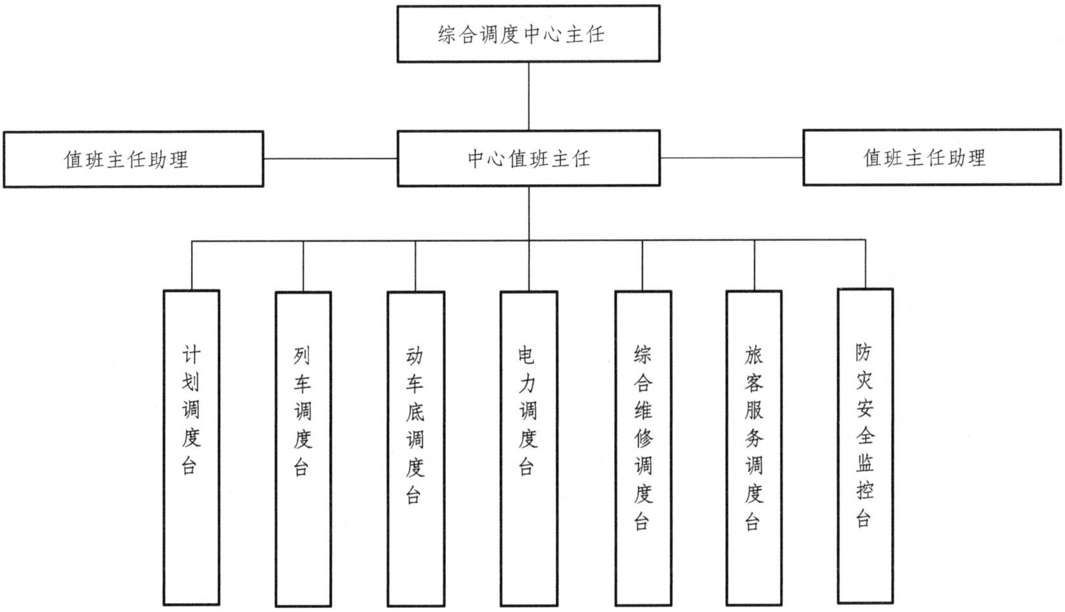


图 1.14　综合调度中心结构图

（4）电力调度台。

主要任务是根据列车运行计划及其调整计划组织牵引供电；对超过供电臂负荷的列车调整计划提出修正要求；掌握供电系统的技术状态及运行情况，控制相关设备。供电调度台必须与行车调度台紧密联系，为列车的运行提供电力。

（5）综合维修调度台。

所谓综合维修是指统一安排线路、供电系统和通信信号系统等固定设施维修计划及维修作业。综合维修段根据人工监测、综合检测车（或检测中心）提供的设备技术状态信息以及段内的监测信息，由各专业提出维修计划，经综合协调后制订出综合维修计划。综合维修调度台对各综合维修段上报的综合维修计划进行审核，并与行车调度台进行协商安排，将安排结果纳入日计划，并以调度命令的形式下达。综合维修调度台，还要随时掌握线路的技术状态，监视通信信号系统的运行情况。对于利用行车间隙进行的小修，要督促施工人员及时复位，以免影响正常行车。

（6）旅客服务调度台。

该台是针对高速、客运专线而设置的，它不同于现有铁路调度系统中的客运调度台，也不是指车站的旅客服务系统。车站旅客服务系统所需的旅客列车运行、到发等信息可直接由列车调度台提供。旅客服务调度台是直接为列车上的旅客进行特殊服务的：如急病救治、人身及财产安全、列车晚点的赔付、事故情况下的旅客疏运与安置等。一般情况下，该台无事可做，一旦有事又会非常忙乱。该台的调度员也可由值班主任助理兼任。

（7）防灾安全监控台。

保证高速行车的安全，高速铁路上装备了完善的、高度信息化的防灾安全监控系统，对机车车辆、供电系统、通信信号系统、线路等与行车有关的设备与设施的技术状态进行监控，对各种自然灾害进行预报预警。主要任务是对各类危及行车安全的原始信息及经过该系统初步处理后的信息，经本台确认及筛选后连同处理意见（控制标准）分送有关调度台；对安全监控系统的各组成部分的工作状况进行监视。遇需要紧急停车的情况，该系统可直接切断牵引供电电源或通过列控系统迫使列车紧急停车，并将该信息传输给本台及列车、供电等调度台。

## 二、高速线引入既有铁路枢纽（车站）调度权限的划分

根据以往的研究，无论京沪高速铁路采取何种管理模式，高速线与既有线都应采用各自独立又相互联系的两套调度系统。这样，高速线引入既有铁路枢纽（车站）后，就存在着两套调度系统的权限划分问题。根据高速行车的要求，在研究两套调度系统的权限划分时，有两个前提条件必须得到肯定：一是京沪高速铁路全线必须要有贯通的高速列车运行进路，该进路应不受其他行车与调车作业的干扰；二是京沪高速铁路的调度系统，尤其是列车调度必须是连贯的，在高速线上运行的列车，尤其是高速列车必须始终置于高速铁路调度系统的控制之下。两套调度系统划分权限时必须遵守单一指挥的原则。同一车场，同一股道，同一进路，同一组道岔只能由一套系统控制；另一系统起监视作用；基层站段的调度（行车）人员，只能受命于一套系统中的一个相关业务调度台。

高速铁路引入既有铁路枢纽（车站），或单独设高速车站，或设高速车场，或固定部分股道（线束）供高速列车使用，并构成完整的独立进路。凡与高速列车进路有关的部分由高速铁路调度系统管理；其他部分由既有线调度系统管理。跨线列车上、下高速线的进路采取接车方控制的原则，即上高速线的进路由高速铁路调度系统控制；下高速线（进入既有线）的进路由既有线调度系统控制。

## 三、高速铁路综合调度系统的基本功能

### （一）约束控制功能

约束控制是调度系统最基本的功能。作为高速铁路的综合调度系统，必须能实时控制全线列车群的运行，包括集中监视与控制全线的列车进路；根据调度调整的需要，自然灾害的限速要求以及运输设备的技术状态，控制列车的运行速度；控制列车发车时机等。此外还应根据列车运行的需要，控制牵引供电系统，紧急情况下能自动切断电源，必要时能监视灾害、事故及施工救援现场。

### （二）预测分析功能

高速铁路综合调度系统应能根据邻线的预报，本线列车的运行情况以及天气变化等因素预测出列车正晚点情况，推算出 18:00 当时在途列车的位置。在此基础上，结合动车底的履历及乘务组值勤情况，编制出次日的列车运行计划，动车底运用计划及乘务组乘务计划。根据列车运行情况，能预测出动车底的缺余情况，相应解除备用（增加投入运用的动车底数量）或转入备用（减少投入运用的动车底数量）。根据技术设备、设施的运行情况及相关检测数据，能分析出其技术状态，以防止事故于未然。

### （三）判断决策功能

高速铁路综合调度系统要能快速传输和处理语音、文字、数据、图像、图表等各种信息，各种自然灾害监测信息等，应能准确判断其危害程度，并快速做出相应决策。

### （四）应变调整功能

尽管高速列车的运行很有规律，但由于列车的运行要受天、地、人、车、祸的影响，列车运行紊乱时有发生；尤其是突发事故将大面积打乱列车的正常运行。高速铁路综合调度系统要有强大的应变能力，尽快做出调整计划，并能快速实施；能将其影响限制在最小范围内。

### （五）应急处理功能

对于突发事件，尤其是事故现场的信息要能迅速传至综合调度中心及公司，并能尽快有针对性地提出应急及抢救措施，相关部门能及时出动。在常规设备遭到破坏的情况下，调度系统可维持基本的调度指挥功能。

### （六）协调配合功能

高速铁路综合调度中心在以行车为核心的前提下，各业务调度台间应是一个有机的整体。任何一种调度指挥方案都要综合考虑其他工种的配合问题，除各业务台调度员间的协商外，系统要能提供其他工种的相关信息。在机构设置上，要有协调功能，各业务台间有争议的问题，由调度长决定解决之策。协调配合功能必须建立在单一指挥的基础上，基层受命单位和人员，只接受对口业务调度台的命令，即使由调度长决定的命令也应由相关业务台下达。

此外，综合调度系统应能根据数据绘制相应的图形和图表。

上述 6 大功能是对整个综合调度系统总的基本要求。拥有这些强大的功能，才能成为计划准确、安排超前、实施及时、调整得当、应急可靠、反应快速、工作协调的现代化的综合调度。

## 四、高速铁路的列车运行调整

### （一）综合调度系统相关机构

京沪高速铁路综合调度系统为两级管理，即发布调度命令的综合调度中心（全线设一个）和受命执行的基层站段。基层的检测中心和信息处理中心（设于车站内）一般不参与调度工作，只起信息处理及中转作用。铁路沿线的变电所、列车群、事故及维修现场是受控部分；其他为信息源点。公司的运营部直接领导综合调度中心，装备部和工电部在业务上对口指导有关业务调度台。跨线列车的交接等有关业务，综合调度中心直接与既有线有关调度所联系及办理。综合调度系统相关机构见图 1.15。

### （二）高速铁路列车运行调整原则

由于列车运行要受天、地、人、车、祸等各种因素的影响，列车运行时间的偏离，停站时间的延长，以致打乱正常的运行秩序时有发生，这就要求要实时地调整列车运行计划。因此编制列车运行调整计划是列车调度台最主要的功能，也是体现列车调度工作质量的关键。

列车运行调整必须遵守以下原则。

1. 由列车调度员单一指挥

列车运行紊乱，尤其是灾害及事故情况下，列车运行需要做大面积的调整，由于影响面大，此时应以尽快恢复列车正常运行或尽快恢复行车为核心，相应地调整动车底、跨线动车底运用计划，乘务组乘务计划及供电计划等；必要时由调度长统一协调。但列车运行调整计划必须由列车调度台制定及下达。

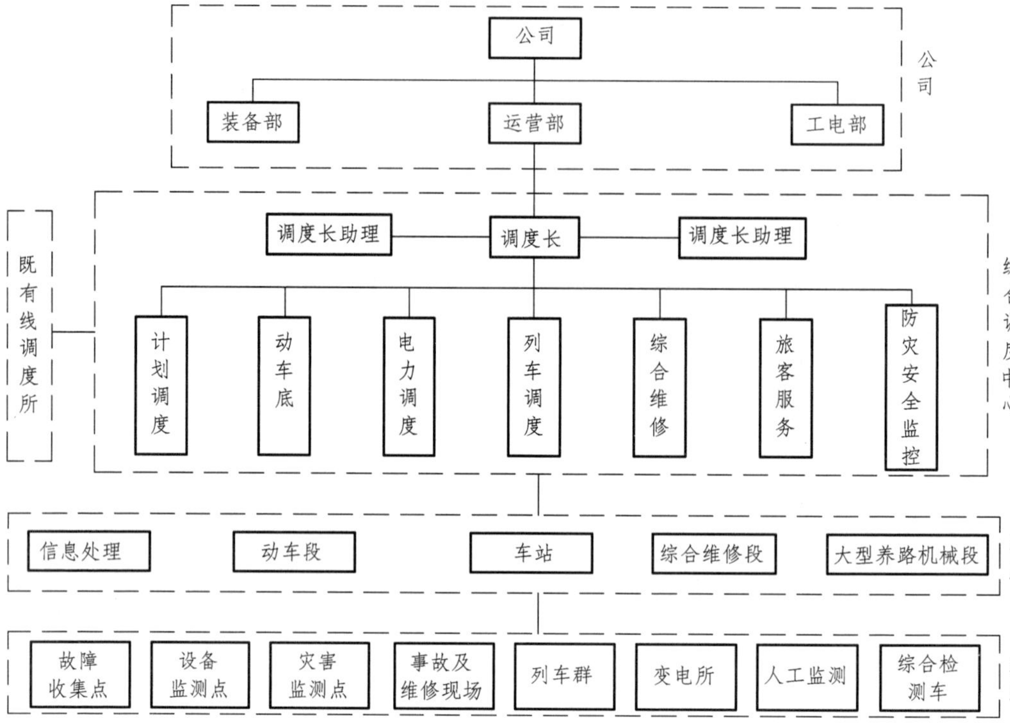


图 1.15　综合调度系统相关机构图

2. 以安全为前提，以正点为核心

列车运行计划的调整在一定意义上讲就是抢时间，充分利用时间。但必须尊重客观条件与规律，不得违规编制调整计划，更不得违反有关的行车安全的规定。在此前提下，要尽可能缩小影响面，减少晚点列车的晚点时间，直至恢复正点。

3. 服从全局（全线）整体优化目标

有时从调度区段管内看某一调整方案是可行的，但从全局看是不可行的或者不是最优的，应服从全局的要求（由调度长协调）。

4. 尽可能减少对正点列车的影响

我国未来的高速铁路在列车正点率方面将对旅客有所承诺，列车晚点将按章对旅客进行赔付。因此，应尽量减少晚点列车的数量，在编制列车运行调整计划、进行运行调整时，晚点列车宁愿增晚也不应引起正点列车晚点。这应作为一条重要原则。

### （三）高速铁路列车运行调整方法

列车运行调整一般有以下方法。

1. 利用冗余时间和储备能力

由于速差及区间的不均衡，高速列车越行较低速度的列车，在一些区间留下了大小不等的冗余时间。这些时间有的可以被晚点列车所利用。同时由于区间能力不饱和或事先预留的储备能力，也可作为列车运行调整用。也就是说，在不影响正点列车的情况下，晚点列车插空运行。

2. 压缩停站时间

尤其是停站比较多的列车，晚点后可以通过逐站压缩停站时间来恢复其正点。但压缩停站时间必须以保证旅客上、下车为前提。另外旅客列车规定停车的车站，不得变停车为通过；同时不管列车提前多久到达，不能早于原规定点发车，即不得提前发车。

3. 运行速度的控制与调整

因列车运行调整的需要，有时在保证行车安全的情况下，要求列车赶点，压缩区间运行时间；有时要求列车放慢速度，适当延长区间运行时间。这一调整意图要求列车调度台能直接与司机对话，以便直接下达调整意图。

另外，在特殊情况下，需要实行区间限速。区间限速分为区间部分限速和整个区间限速两种，整个区间限速由调度中心设置；区间部分限速可在调度中心设置，也可在调度中心同意之后由所管辖车站设置。在车站和调度中心均应设有区间限速监视，以确保区间限速的设置和限速信息向列控系统的传递和执行。

4. 变更越行站

论是越行列车的晚点还是被越行列车的晚点，都可能引起越行站的变化。根据列车晚点情况及其运行速度的变化，正确选择越行站，是列车运行调整的关键之一。越行站的变化将引起大范围的列车运行线的变动。因此必须重新编制影响范围内的调整运行图。

5. 用备用运行线

备用运行线是在编制计划列车运行图时，根据一定的原则，与正式列车运行线一起铺画；如果计划列车运行图是按最大波动量铺画的，那么在节假日、春运和暑运才启用的运行线，平日也可作为备用线使用。当晚点列车采用上述措施仍不能进行有效调整时，应让其走就近的备用线。晚点列车原运行线可以作为前方晚点列车的备用线。

6. 临时停运

当晚点列车，尤其是跨线列车严重晚点，各种措施都无法有效调整，且由于车底钩不上，引起返回的列车始发晚点时，可选择有条件的车站运休，并按返回列车在该站的图定发车时间正点发车，返回原始发站。

采用临时停运的措施进行运行调整面临的最大问题是旅客的接运问题。由于我国列车上座率比较高，可能要好几趟车才能接运完。因此，应尽可能少地采用此措施。

### （四）调整计划的编制

行车调度台系统通过不断编制滚动的调整计划，来实现其调整措施。调整计划有两重意义，一是使计划更接近实际，二是使偏离计划运行线的列车（晚点列车）逐步靠近以致符合计划运行线。售票员工作流程图如图 1.16 所示。

调整计划的编制无异于编制局部的列车运行图。先把正常运行的列车暂时固定，把晚点列车预计接入的时刻作为发点在其中插入晚点列车。插入晚点列车过程中，在不引起正常列车晚点的情况下，可改变越行点及适当挪动正常列车的运行线。如要求列车在某一区间赶点（缩短其运行时间）和放点（增加其运行时间），可作为约束条件输入。调整计划一般采取人机对话的形式，由计算机编制初步方案，人工进行局部调整；或由计算机提出多个可行方案，人工进行挑选。如遇灾害和事故，长时间中断行车后，将重新铺画紧密列车运行图（即按最小的追踪列车间隔时间铺画）直到把受阻的列车全部送到目的地为止。

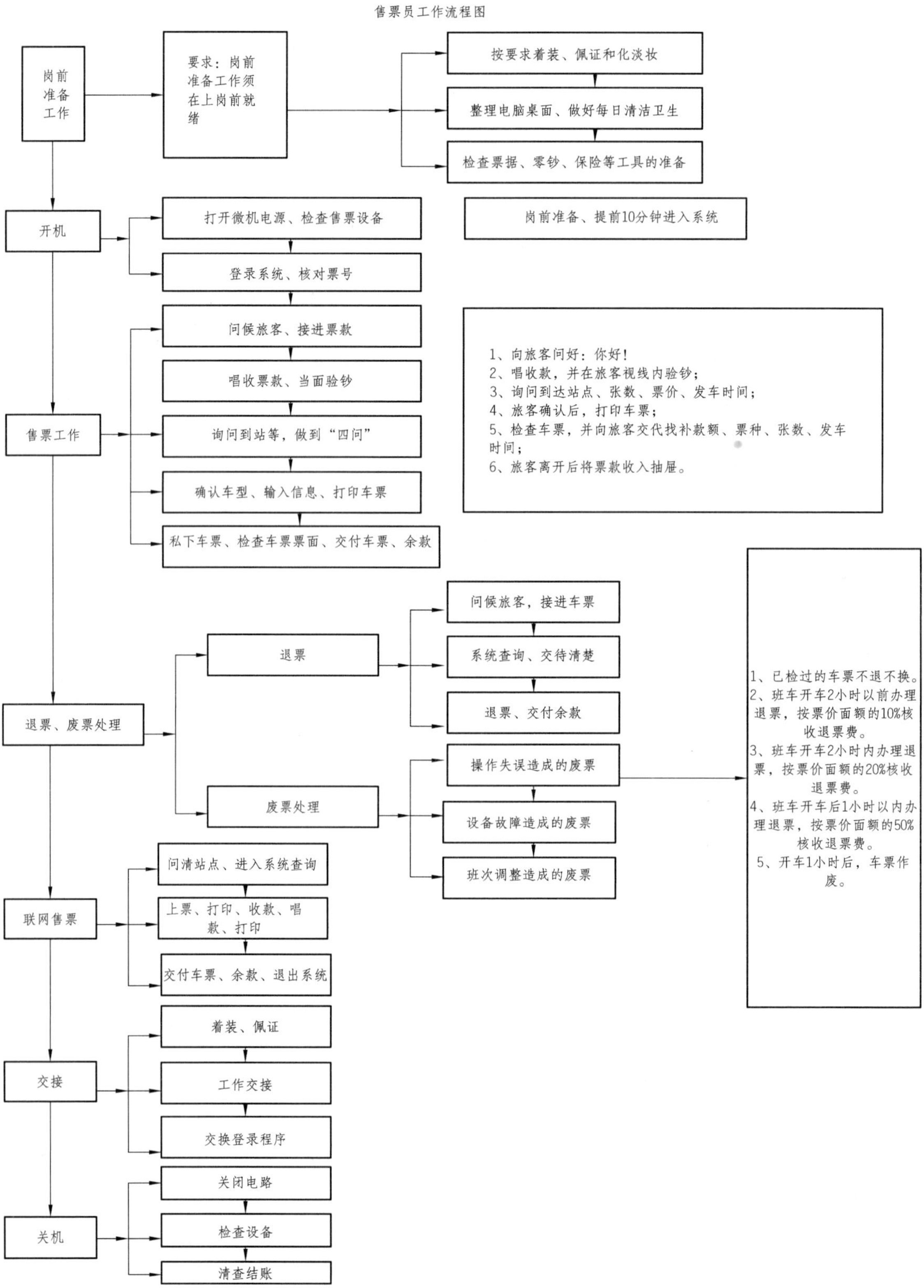


图 1.16　售票员工作流程图

# 实训项目一：自动售票系统功能

自动售票机（Ticket Vending Machine，以下简称 TVM）是商业自动化的常用设备，它不受时间、地点的限制，能节省人力、方便交易。在国家相关政府部门的大力支持下，我国的自动售票机产业以超常规的速度迅猛发展，并带动了一批新的服务业、物流运输配送业的快速发展，丰富了我国的商业产业结构，开创了一个全新的自动销售和自助服务时代。

TVM-3001 型自动售票机系统是由湖南高铁时代数字化科技有限公司自主设计、研发的。自助售票终端造型时尚美观，外壳结实耐用、工控机型标准的内部设计使其在各种环境下均能够平稳运行；软件系统安全可靠、高效稳定、维护方便。

TVM 系统是一个集 C/S 多层架构、数据库技术、现代通信技术、计算机网络技术及自动化控制等高科技技术为一体的现代化管理信息系统。该系统采用 Borland C++Builder 开发界面 GUI，还有多种高效算法，充分保证了系统的运行效率。该系统具备界面友好，功能强大，操作简单等特点。

该售票系统软件可用于车站、地铁、轻轨、导轨电车等轨道交通系统，也可用于旅游景区、码头、展览会馆、体育馆等地方，它界面友好、操作简单，克服了人工售检票模式固有的速度慢、财务漏洞多、出错率高、人工强度大等缺点，及时提供各时段（精确到分钟）的客流量和财务报表，为科学管理提供技术支持。

## 一、售票系统特点

### （一）构成模块

自动售票机主要由主控单元、触摸屏、乘客显示器、车票读写器及天线、纸币处理系统、硬币处理系统、票卡处理系统、综合控制器、电源项目及机壳等部件组成，自动售票系统对这些硬件资源进行管控。

### （二）产品优势

该售票系统将先进的电子算术码制作识别技术和计算机票务信息管理相结合，具有形象现代化，管理一体化，信息实时生，防伪可靠性，核算严密性的特点。使传统手工售票工作电子化，同时实现票务管理工作走向全面自动化、规范化，能够从根本上解决票据查询难、售票劳动强度大的现状，提高票据管理效率和对客户的服务质量。

### （三）主要功能

自动售票机能提供纸币、硬币等支付手段，通过人机界面操作，自动售出车票和实现动态循环找零。以下简单介绍自动售票机的基本功能。

（1）具有引导乘客购票的相关操作说明和提示，操作简单，从点击总图到购票，只需点击屏幕 3 次。

（2）配备触摸屏、乘客显示器及运行状态显示器，用于显示轨道交通线路、票价、投入钱币金额及设备运行状态等信息。

（3）接受硬币、纸币的付费方式，具有一次性出售多张同一票价车票的功能。其上限应可通过参数进行设置。

（4）具有硬币、纸币找零功能。

（5）自动售票机的外形、乘客触摸屏、显示器、出票/找零口布置和位置满足人体工程学的要求，方便乘客操作；自动售票机采用后开门维护方式，其内部结构应便于设备维护。

（6）乘客显示器的第一屏应显示轨道交通已投入运营的轨道交通线路示意图。供乘客任意选择目的地车站所在线路或直接选择票价。

（7）自动售票机上方有电子显示屏，可以静态或者滚动显示文字，用户可根据需要自行编辑。

（8）为防止突然掉电，影响顾客的正常购票操作，自动售票机内安装有 UPS 电源，保证在外部供电停止后 30 min 内能够恢复正常操作。

## 二、使用步骤

售票系统在成功启动后，登录界面如图 1.17 所示。

图 1.17

在此界面中有三个浮动按钮，用户可在此界面中选择自助购票和系统设置，如果不对此界面进行任何操作，系统默认在 20 s 后进入自助售票界面，若要退出，按 Esc 键或界面右下角[退出]按钮即可。

注：此软件正常工作时系统像素为 1280*1024。

### （一）系统设置

点击上图中系统设置按钮，进入系统设置界面。出厂时软件厂商已经进行初始配置，此时用户可以在此基础上进行修改。设置主要包含以下几个方面的内容。

1. 基本配置

单击按钮[基本配置]，可进入该系列的参数设置界面。

用户在此可以修改本机名称，更改服务器地址及数据库、用户等相关信息。软件出厂默认用户名为 sa，密码是 12。窗口界面如图 1.18 所示。

注：用户名不区分大小写，密码区分大小写。

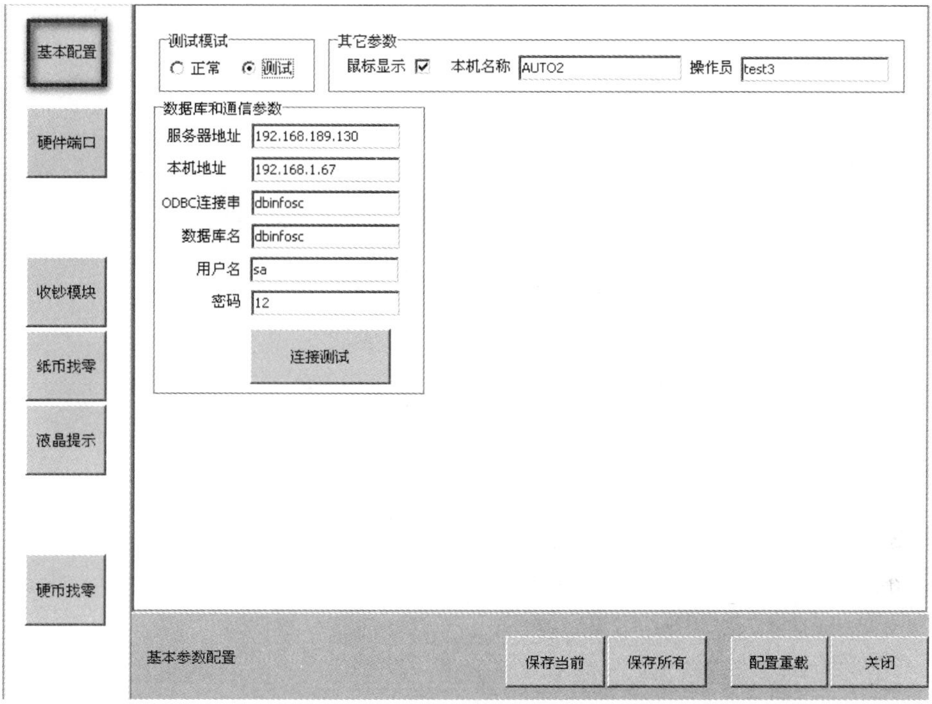


图 1.18

在此用户可以进行连接测试，点击连接测试，若显示连接成功，则可以确认软件与硬件统一的平台已经搭建起来了。窗口界面如图 1.19 所示。

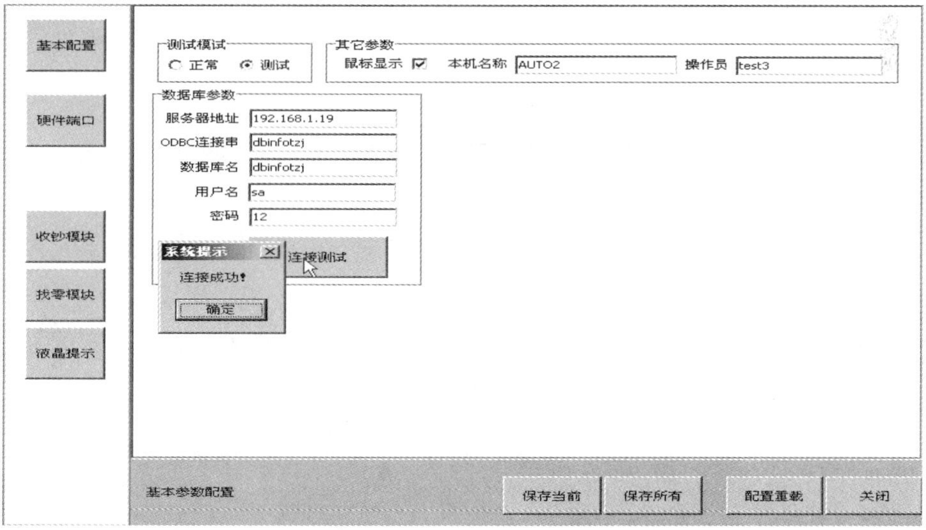


图 1.19

2. 硬件端口

单击按钮[硬件端口]，可进行相应的参数设置。售票机各种硬件设置与售票系统之间的通信，基本上都是通过串口来实现的，所有硬件设备的串口参数都在这里设置。设置串口参数，一是要准确，即串口名和硬件设备必须对应上，不能错配到其他串口上；二是不能重复，不能在两个硬件设备上配置同一个串口。否则会导致系统发生故障而不能正常使用。只要勾选所要开启的硬件端口右边的启用，并准确设置其对应的串口（工作人员对串口的选择范围是从 COM1 到 COM20）即可添加串口功能。窗口界面如图 1.20 所示。

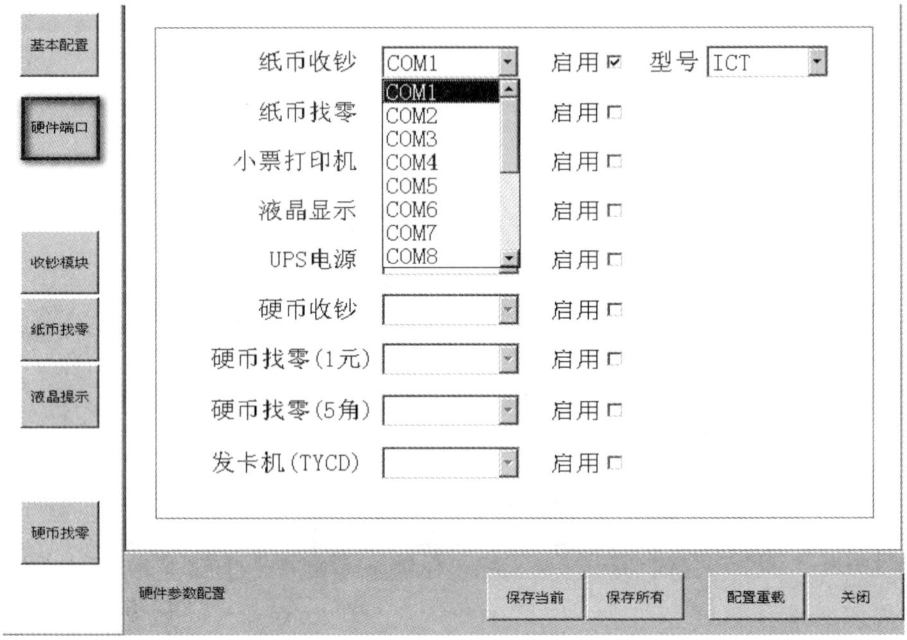


图 1.20

3. 收钞项目

单击按钮[收钞项目]，可进入该系列的参数设置界面。窗口界面如图 1.21 所示。

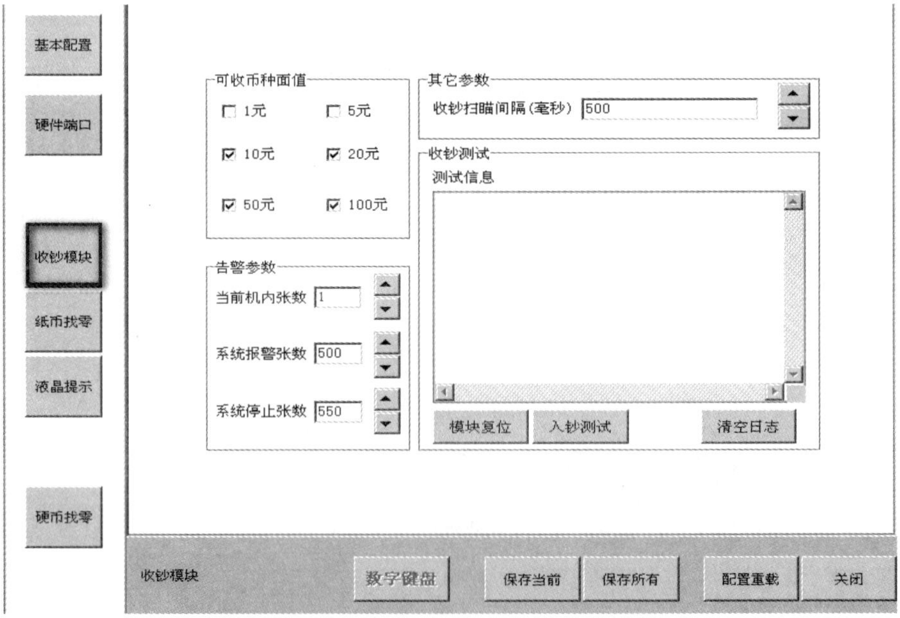


图 1.21

在此窗口可设置可收币种面值，系统支持 1 元、5 元、10 元、20 元、50 元、100 元。用户可根据实际的运营情况，勾选所要支持的人民币面值。如果某项面值不被选中，而购票者把该种面值的钞票插入收钞口时，收钞机会先吸入该纸币，然后重新吐出，返回给用户，表示不接收该种纸币。

此外，[系统报警张数]编辑框里填的是收钞机所能接收的人民币纸币张数的最大值。如果售票系统在售票过程中，收到的人民币纸币超过了这个数值，系统会发出警告，通知工作人员来把钞票转移出去。如果工作人员从收钞机钱箱取走了所有的纸币，请把[目前机内张数]编辑框里的张数重新设为 0。

4. 找零项目

（1）纸币找零（非标配，可扩展）。

在此项目中，用户可设置纸币找零的面值及报警张数、待机张数，自动售票机会自动统计不同面值纸币的张数，供用户查询。此项目支持用户出钞测试，参考界面如图 1.22 所示。

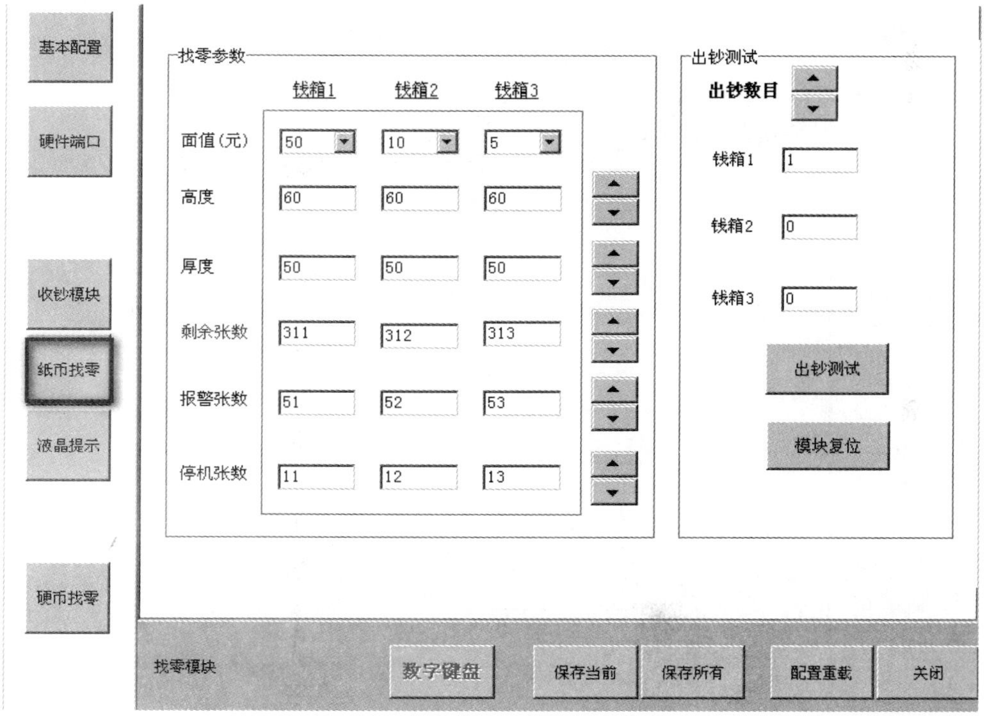


图 1.22

（2）硬币找零

在此项目中，用户可设置硬币找零的面值及报警张数、待机张数，同样自动售票机会自动统计不同面值纸币的张数，供用户查询。此项目支持用户进行出币测试，参考界面如图 1.23 所示。

5. 液晶提示

在此，用户可根据实际需要自行设置该屏在工作和非工作状态下的显示文字内容及其对应的工作模式。参考界面如图 1.24 所示。

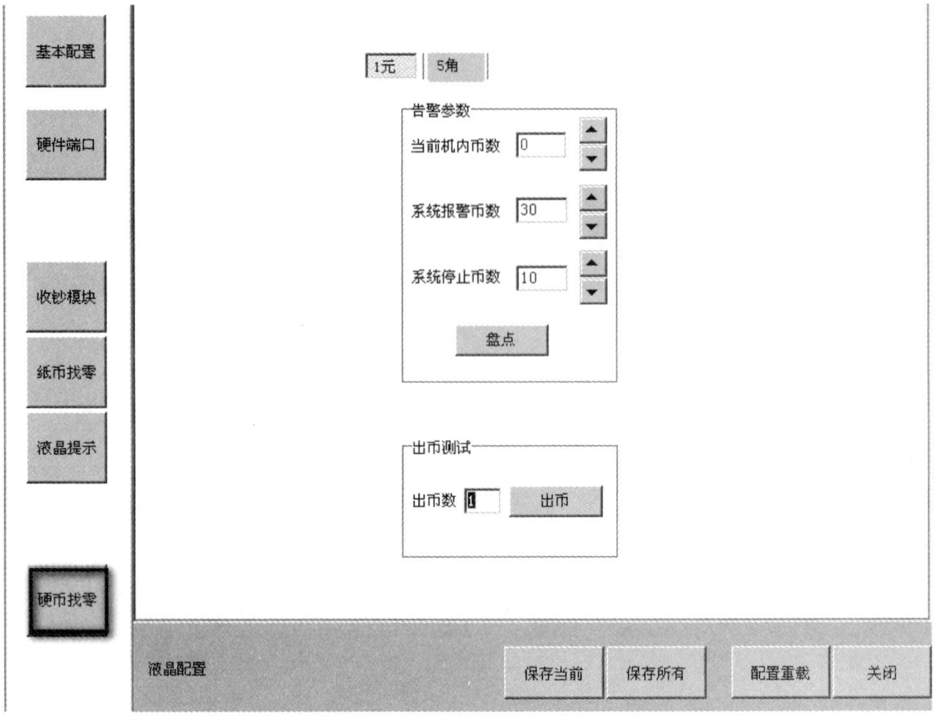


图 1.23

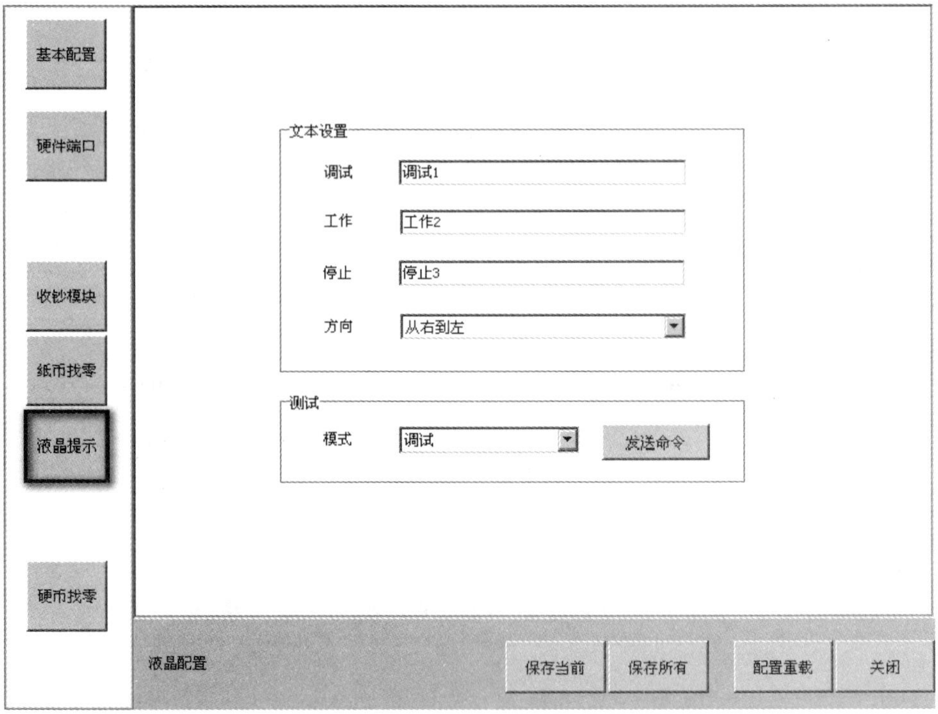


图 1.24

系统设置总结：用户在设置完参数后，单击按钮[保存当前]可保存当前项目设置，单击按钮[保存所有]可保存所有项目设置，单击按钮[关闭]退出系统设置窗口。

### （二）站点配置

在乘客进行购票之前，系统管理员需根据实际情况实地配置起始站点（系统出厂时，软件出厂默认起始站点是：机场南），现在我们进行起始站点配置，其操作步骤如下。

（1）打开自动售票安装目录文件夹或者右击自动售票软件图标，在出现的快捷菜单中选择[属性]—快捷方式选项卡—[查找目标]按钮，如图 1.25 所示。

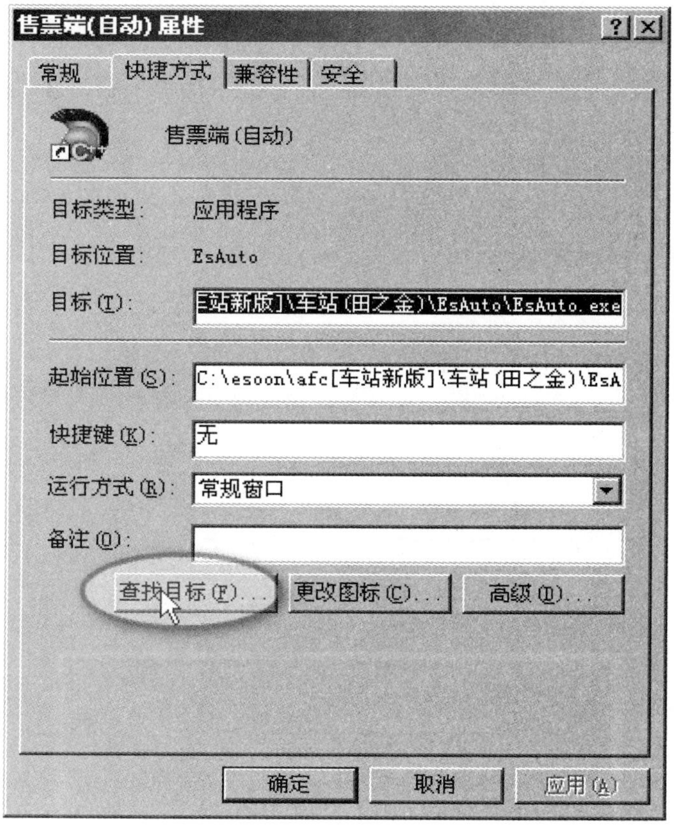


图 1.25

（2）在出现的软件安装目录文件夹中找到一个叫“info 配置文件”的文档并打开，如图 1.26 所示。

图 1.26

（3）在打开的文本中找到 Station Name=机场南及 Stationldx=0 两项参数，如图 1.27（a）所示，根据后台管理中站点配置的内容进行替换。如，将“人和”设置为起始站点，那么只需将以上两个参数改为 Station Name=人和及 Stationldx=l，如图 1.27（b）所示，再次启动自动售票系统，即可发现起始站点已经由先前的“机场南”更改为“人和”了，若更改的站点与默认站点不在同一条线，那么还需要设置线路参数 Line Name 和 Lineldx。

```
StationName=机场南
StationIdx=0
LineName=3号线
LineIdx=1
```

（a）

```
StationName=人和
StationIdx=1
LineName=3号线
LineIdx=1
```

（b）

图 1.27

## （三）自助购票

售票系统完成参数设置后，就可以进入无人值守的自助售票服务了。

单击主界面中的按钮[自助售票]，售票系统进入自助售票服务界面。按 Esc 键可返回上一级菜单。图 1.28 是地铁全图（该版本地图仅作参考使用）。

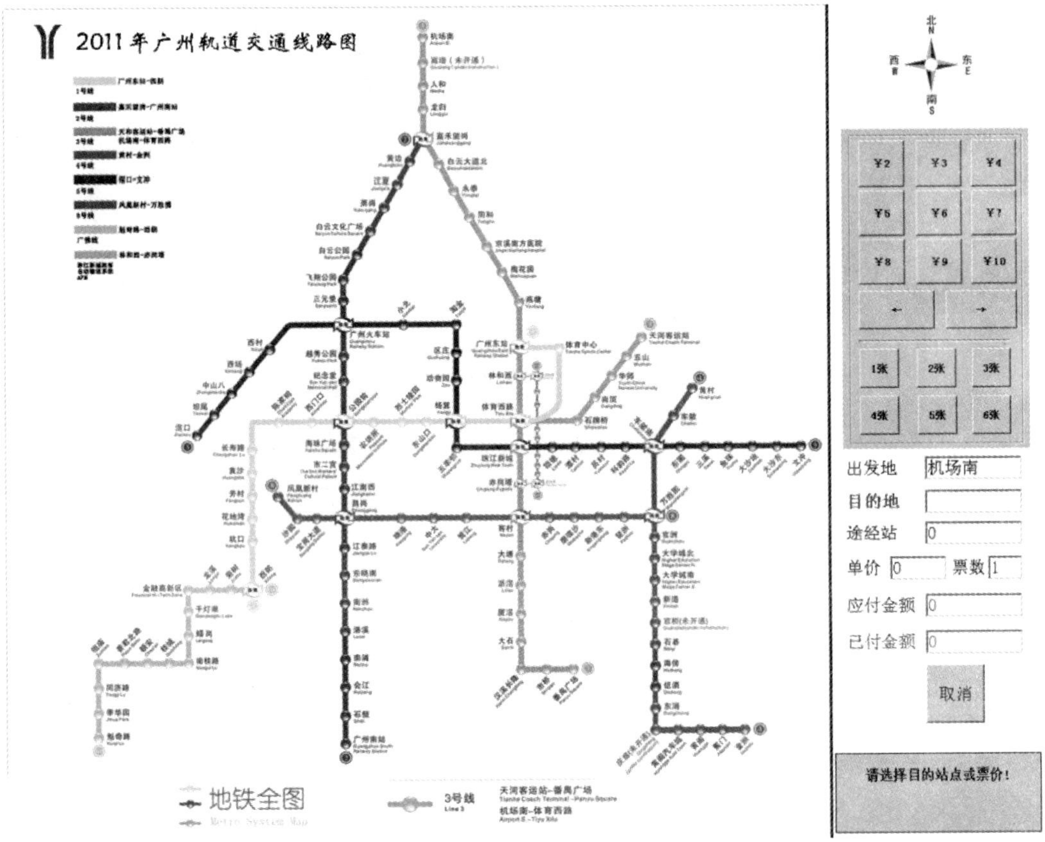


图 1.28

本系统版本的自动售票机有两种购票方式，一是选择目的站点，二是选择票价。其购票流程分别如下。

1. 选择目的站点

此种模式下，起始站点是固定的（修改起始站点的方法在“站点配置”部分有详细介绍），用户只需选择目的站点及购票张数，系统会自动计算总价并显示在应付金额框中，乘客付足票款即可实现购票。参考界面如图 1.29 所示。

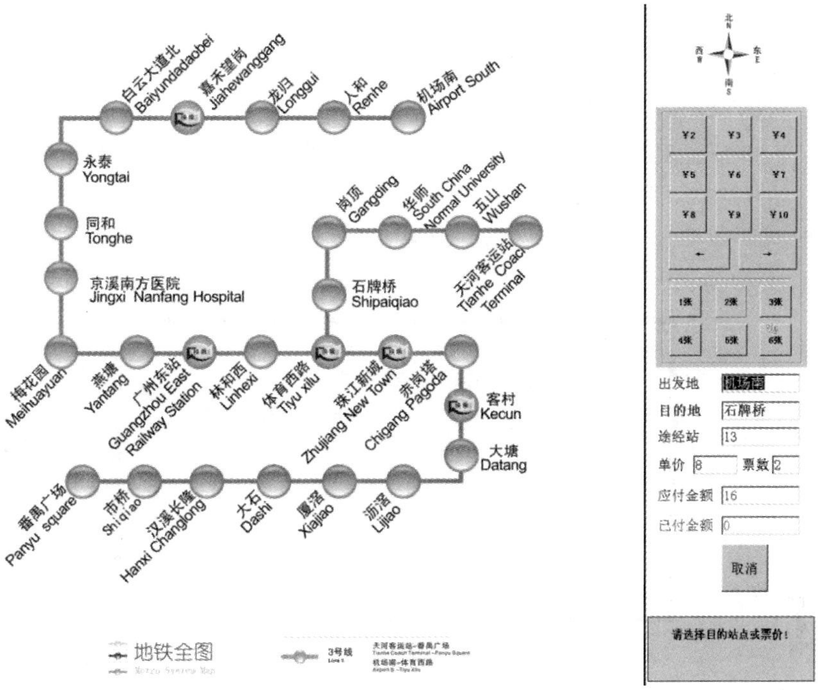


图 1.29

注：选择目的地过程中，用户可以点击地图左下角浮动图标按钮实现地铁全图与部分线路图之间的切换，也可直接点解地铁全图中某个站点，界面也会切换到部分线路图。

2. 选择票价

乘客直接点击购票界面右上角票价按钮并选择购票张数（默认情况下为 1 张），系统自动计算购票总价，并显示在应付金额框中，乘客付足票款也可实现购票，如图 1.30 所示。

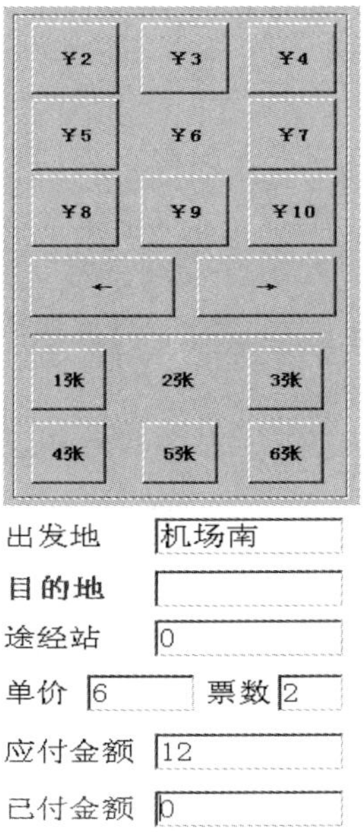


图 1.30

3. 投币

乘客在主界面点击目的站点或者选择票价及张数后，购票信息窗口将显示全部购票信息，包括出发地、目的地、途经站数量、单价、票数（默认为 1 张）、应付金额，用户此时如需要修改购票数量，可直接点击其欲购买票数量（最多 6 张）。此时，乘客投入票款，购票信息窗口[已付金额]实时显示乘客投入的票款总额。当有现金投入后，选择车票数量按钮、票价按钮、线路按钮和地图按钮均无效。当投入的购票款足够后，自动售票机将自动完成出票，并计算找零。如图 1.31 所示。

图 1.31

4. 出票

投入完足够票款后，自动售票机自动进行出票和找零。

5. 取票

票完成之后，乘客即可在出口取票和找零，并结束购票流程。默认 8 s 后，操作面板将显示自助购票界面，系统等待下一个乘客的操作。

6. 取消购票

乘客在未投足购票款时要取消购票，可在购票信息窗点击取消按钮，自动售票机自动返还乘客投入的所有购票款。

7. 其他说明

（1）现金支付时，每次只能插入一张人民币，如插入后系统退回纸币，只需将纸币反面插入即可。纸币必须至少是 7 成新，不能有缺失，不能太折皱，否则系统无法识别，造成购票失败。

（2）自动售票机为乘客送出车票和零钱后，会提醒乘客请在取走后仔细核对所买车票信息、张数和找零是否正确。

（3）如果乘客在购票过程中出现问题，提醒乘客及时与车站售票窗口工作人员联系。

# 实训项目二：人工售票系统

## 一、环境和器材

UTC-3 型号三辊闸检票机系统。

## 二、系统组成

AFC 售检票软件为湖南高铁时代自主研发，系统功能齐全、操作方便，可以实现窗口人工售票与自助售票机相结合，拥有实时的检票监控、后台统计与数据管理、终端设备的远程控制等功能。

以下是后台管理端的操作

在系统安装完成后，在管理电脑桌面双击后台管理端软件快捷键图标，系统启动，进入登录界面，如图 1.32 所示。

图 1.32

软件的初始用户名为：admin，密码为：0。用户输入后，点击登录按钮即可进入后台管理软件。软件可以设置不同的用户以及相应的权限，需要进入系统后自行设置。

系统进入后，显示的主要功能项目包括：系统设置、库存管理、数据中心、用户管理、帮助信息（目前无内容）等如图 1.33 所示。

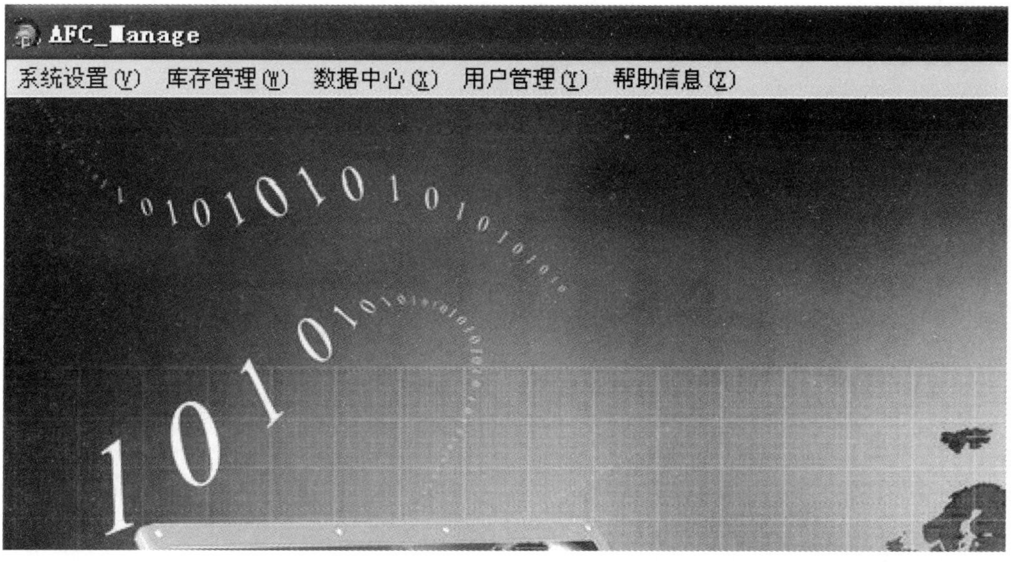


图 1.33

## 三、步骤

以下是后台管理端操作。

### （一）系统设置

后台管理软件的主要作用是对整个系统进行参数与数据设定，直接影响前端系统的使用。系统设置功能为后台中最为核心的部分，主要进行本地网络数据的配置、地铁线路设置、站点设置、营业点设置、终端检票机设置、检票机的信息查询设置、票型设置以及价目表设置。

1. 本地配置

点击本地配置按钮，系统界面显示的内容如下。

系统参数：包含日志存储路径（日志用于分析操作的正确性以及协助进行故障检测）、资源路径（指向规定的数据库）、背景图片选择以及系统线路的基本系统设置等。

数据库连接参数：包含数据源名、数据库名、数据库的登录名与密码，数据库已经安装完好，因此此部分的参数未经公司同意，勿做修改，以免因数据库的参数变更导致系统瘫痪。

通信参数：本地 IP 设置、服务器端 IP 设置以及远程端口。

硬件参数：读写器的端口设置，如图 1.34 所示。

图 1.34

2. 线路设置

该部分主要是进行地铁线路的设置，公司会根据客户要求事先设置好某 1 条或 2 条线路，如图 1.35 所示，一般情况下请勿在操作时对现有线路进行删除，以免造成现有设置的线路数据丢失。

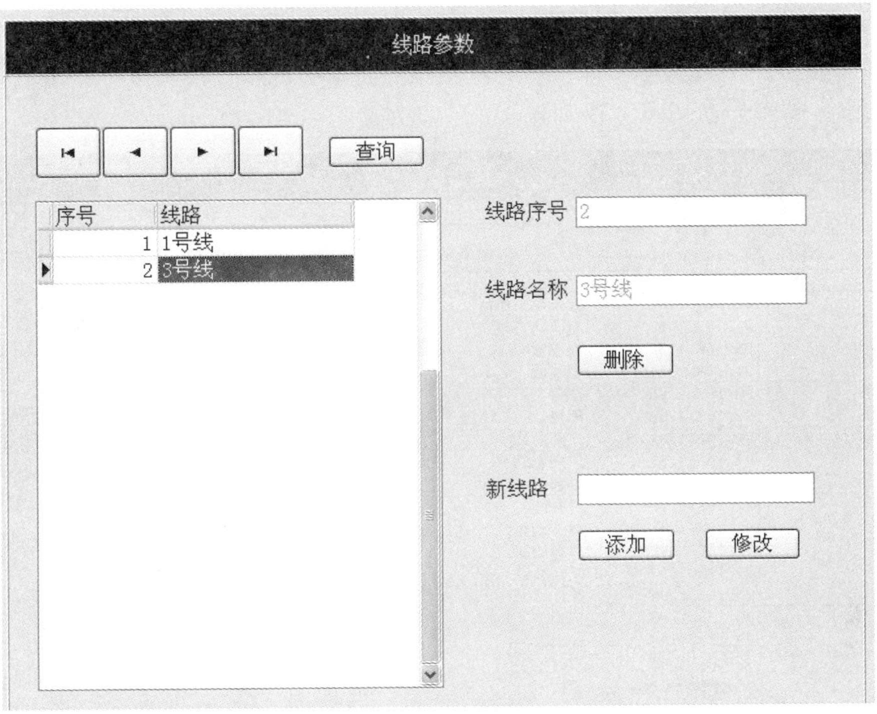


图 1.35

3. 车站站点设置

在此界面中，用户可根据实际情况在窗口上方添加、修改站点信息以及扩展项目中的闸机数量设置，单击窗口下方的查询按钮，可选择性地查看全部或部分已添加的站点信息。显示界面如图 1.36 所示。

图 1.36

注：站点名和线路参数是用户为自动售票平台设置起始站点的重要依据，为了方便查询，建议用户最好将生成的站点信息导出备份，以免每次设置站点都需要在后台查询。

4. 营业点设置

在营业点信息窗口中，用户同样可对营业点信息进行添加、删除修改，在此特别要注意的是 IP 地址必须与实地电脑 IP 对应。如果售票窗口不对应实际 IP 地址，人工售票窗口将无法出售车票（提示“本站点未配置”）。单击界面中的查询按钮，界面窗口会完全显示已添加的营业点信息。参考界面如图 1.37 所示。

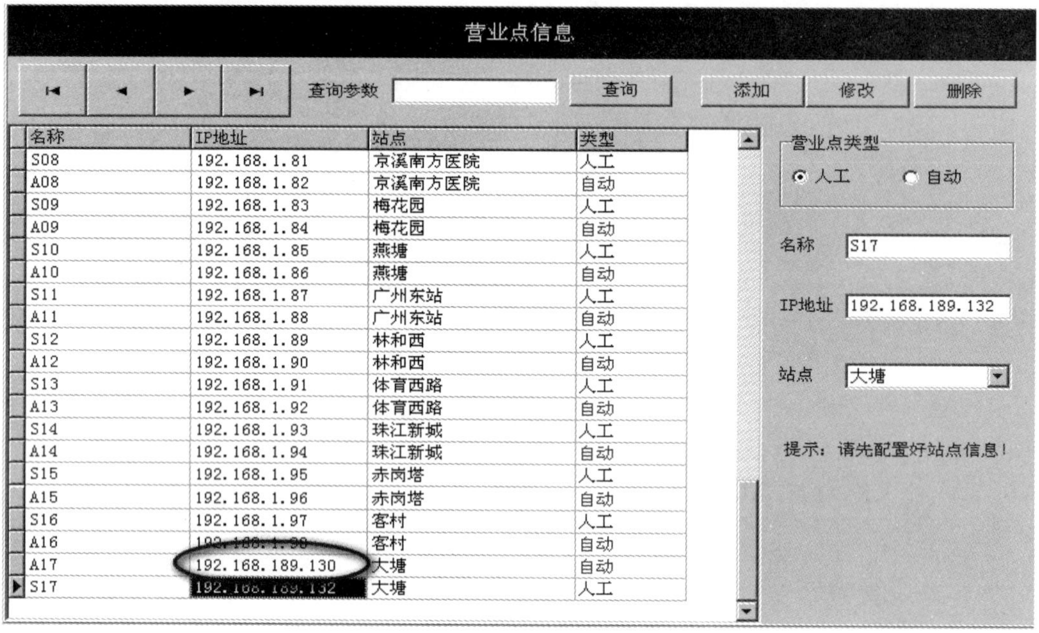


图 1.37

5. 终端闸机设置

此处是对营业点对应的终端进行设置，如闸机通道，其设置规则同营业点设置，要注意令闸机 IP 地址与实际闸机的地址相符，如图 1.38 所示。

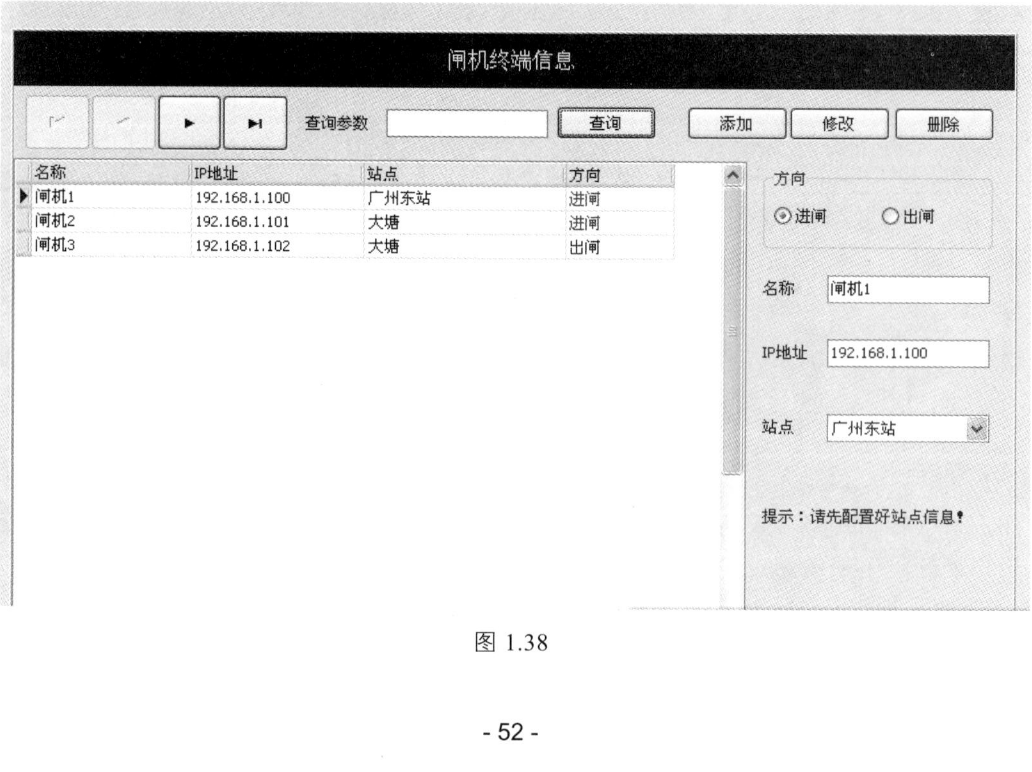


图 1.38

用户可对已经设置好的检票机进行管理。闸机标示为单个闸机通道，进站与出站 IP 的选择基于用户的需求，一般来说单向闸机只需选择进站或出站 IP，双向通行的闸机需要同时进行进站与出站 IP 设置，如图 1.39 所示。

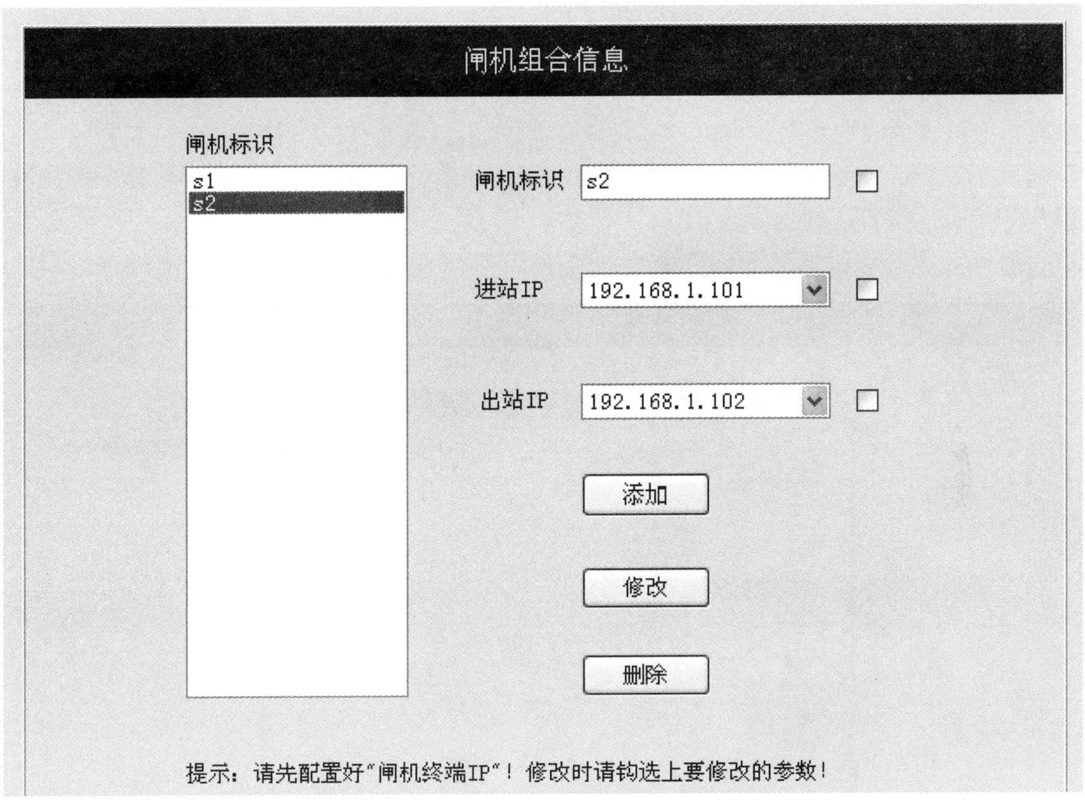


图 1.39

6. 票型设置

系统需要对不同的人设置不同的票型，如单程票、地铁储值票、地铁员工卡等。内容包括车票名称，价格，折扣，使用次数，时间段等信息。

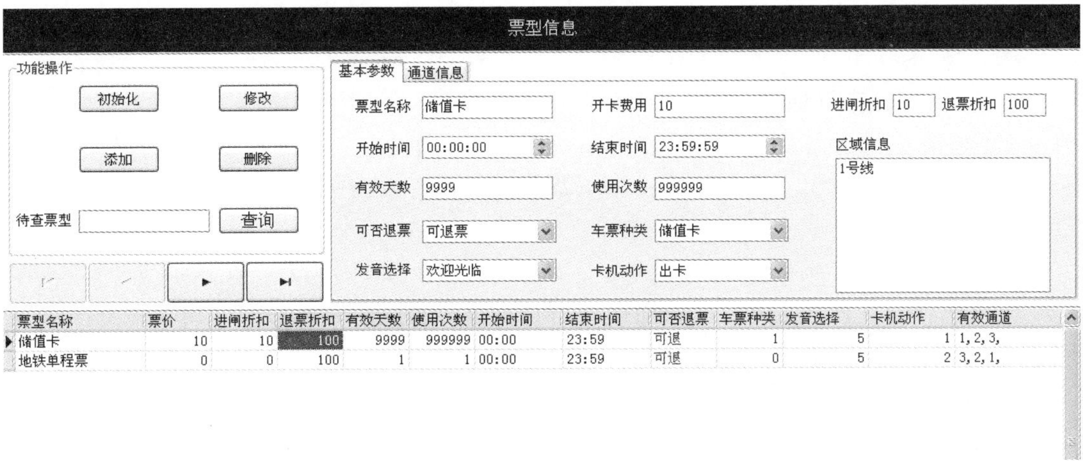


图 1.40

操作方法：在功能操作栏内点添加，系统提示要填写名称，此时在右侧的票型基本参数中填写相应的参数信息，完成后点添加，新的票型就添加成功了，点查询键，在下表栏中就能显示出新的票型。如要对现有的票型进行修改或删除，在票型列表中进行选择后点击修改或删除就可以。

7. 票价设置

系统在设计时根据现有的线路，设计了不同线路站点之间的收费数据，如果用户需要自行修改单个站点的收费数据，也可自行自定义 TXT 价目表文件进行替换。替换后点击“初始化”即可。公司已经配置了实际线路的票价，不要随意进行替换，以免局部数据的替换导致系统判断错误，如图 1.41 所示。

图 1.41

## （二）库存管理

库存管理主要是进行储值卡车票的授权管理。包括：车票入仓、车票出仓与车票退仓。

1. 车票入仓

地铁的储值卡车票与单程车票不同，需要进行出入仓管理，车票的入仓是指将制作好的储值卡车票在系统中进行登记，使其变为系统内认可的车票。操作时，需要选择要入仓的储值卡车票的票型、经办人、供应商等，刷车票卡后，点击入仓按钮，即完成了车票的入仓，如图 1.42 所示。

2. 车票出仓

完成入仓后的车票需要进行出仓操作，出仓时填写相应的车票号跟领票人信息即可，操作模式与入仓相同，出仓后，车票可以在前端售票系统进行出售操作，如图 1.43 所示。

3. 车票退仓

如果需要将部分未出售的车票在系统中消除，需要进行退仓操作，操作方式与出入仓相同，退仓后，该车票卡就不是系统的有效卡了，如图 1.44 所示。

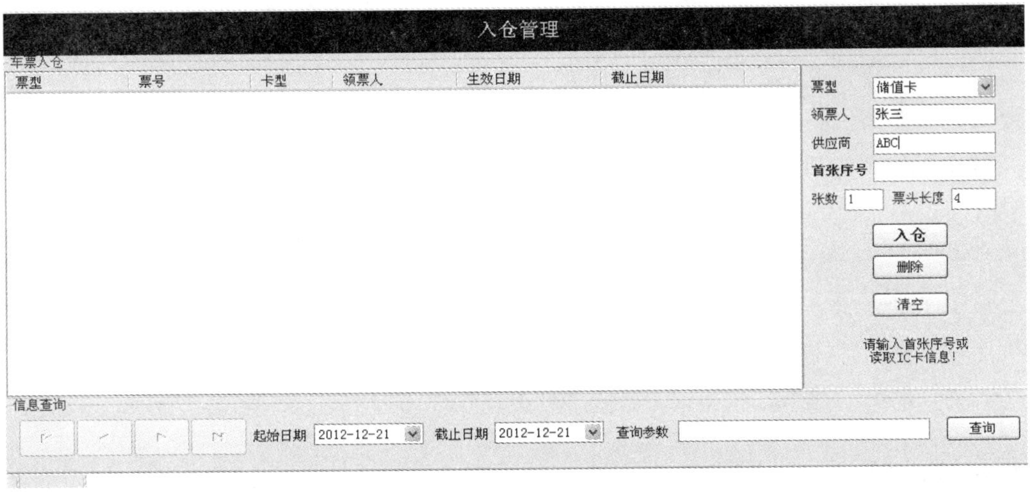


图 1.42

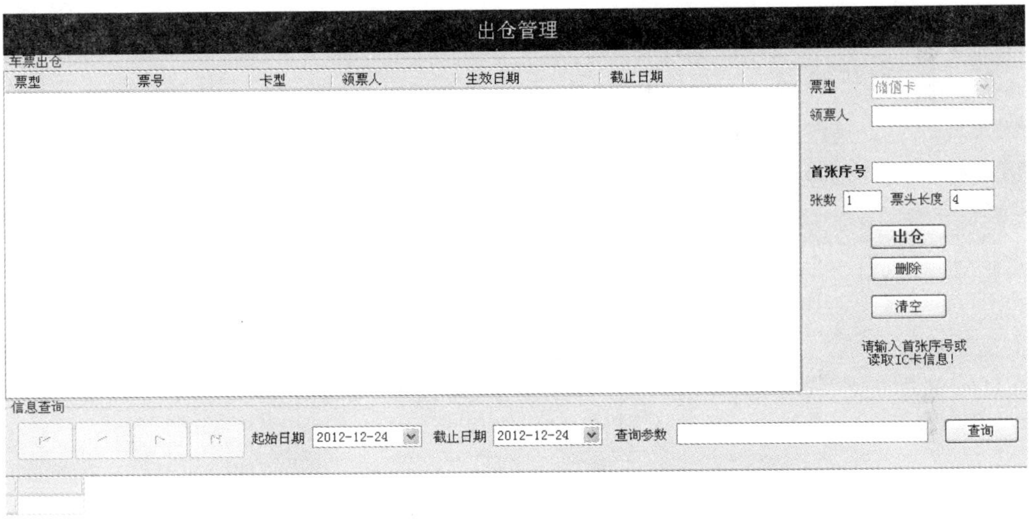


图 1.43

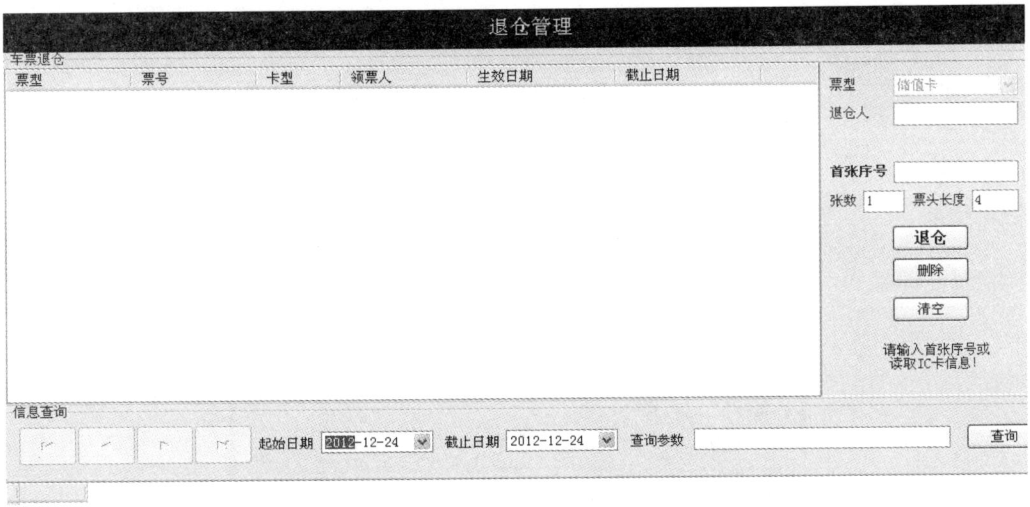


图 1.44

## （三）数据报表管理

数据项目主要是提供不同查询条件下的报表信息，含售票、检票、退票、储值票出入仓、操作记录等，如图 1.45 所示。

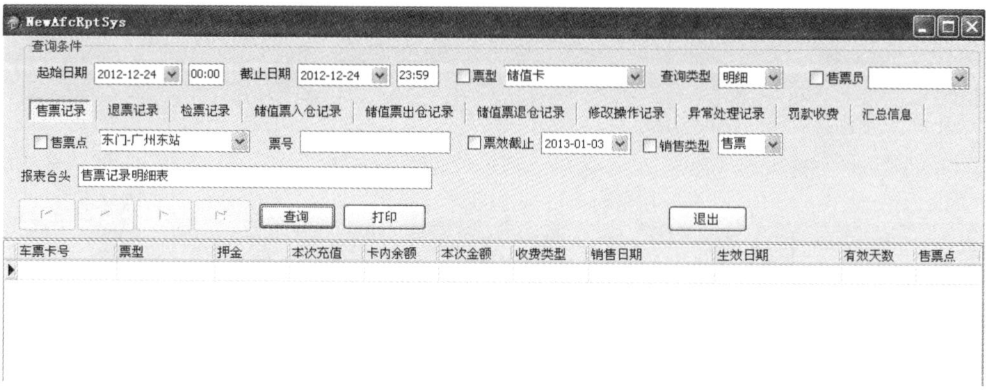


图 1.45

## （四）用户管理

用户管理主要是权限的划分管理以及密码的修改操作，系统可自行划分不同层次的管理人员以及每个人员在本系统的操作权限等，如图 1.46 和图 1.47 所示。

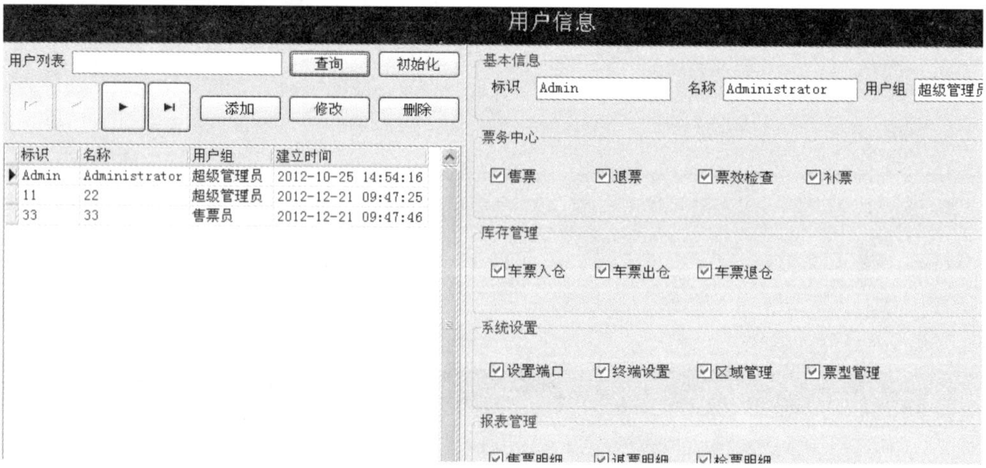


图 1.46

图 1.47

## 四、常见票种

### （一）儿童票

承运人一般不接受儿童单独旅行（乘火车通学的学生和承运人同意在旅途中监护的除外）。随同成人旅行的身高 1.2 ~ 1.5 m 的儿童，享受半价客票、加快票和空调票。超过 1.5 m 应买全价票。每一名成人旅客可免费携带一名身高不足 1.2 m 的儿童，超过一名时，超过的人数应买儿童票。

### （二）学生票

在普通大、专院校，（含国家教育主管部门批准有学历教育资格的民办大学）军事院校，中、小学和中等专业学校，技工学校就读，没有工资收入的学生、研究生，家庭居住地和学校不在同一城市时，凭附有加盖院校公章的“减价优待证”的学生证，每年可享受四次从家到院校之间的半价硬座客票、加快票和空调票，新生凭录取通知书，毕业生凭院校书面证明可买一次学生票。学生票限定发售时间：寒假为 12 月 1 日 ~ 3 月 31 日；暑假为 6 月 1 日 ~ 9 月 30 日。其他时间不再发售学生票。发售学生票时必须在“减价优待证”上加盖站名戳。如发现有涂改“减价优待证”或一人持两个以上学生证及转借学生证的，拒绝向其发售学生票。

在下列情况下不能发售学生票。

（1）学校所在地有学生父或母其中一方时。

（2）学生因休学，复学，转学，退学要乘车时。

（3）学生往返于学校与实习地点时。

### （三）伤残军人票

中国人民解放军和中国人民武装警察部队因伤致残的军人凭“革命伤残军人证”，因公致残的人民警察凭“人民警察伤残抚恤证”可享受半价的软座、硬座客票和附加票。持有其他证件如参战民兵、民工残废证等抚恤人员，均不能享受减价待遇。

## 五、计算机操作

1. 开机

按照顺序依次为：显示器、制票机、调制解调器（MODEM）等外设，最后开主机。

2. 选择“售票”程序

要注意观察 MODEM 工作是否正常，确认无误后输入工号、密码（注意：要经常更换密码，以免被别人盗用，发生不应有的损失）、核对制票机票号（印刷号）与计算机票号（记账号）是否一致、选择白班进入系统。每天都要做到这点，认真仔细核对。

3. 关机

与开机相反，先关主机，然后关显示器、制票机、MODEM 等外设。

4. 售票退出

售票退出作业有三种方式。

（1）退出后立即交款者，应选择结账退出，否则次日将无法开机售票；

（2）暂时退出后将要继续售票作业的，可选择不结账退出；

（3）短时间内暂停售票作业的，可选择作业暂停，以免其他人员干扰售票作业。

## 六、售票特殊情况处理

1. 废票处理

在废票处理情况下输入车票下票号按回车键，要认真核对还原的票面是否与要作废的客票票面一致，作废完成后将不可更改。

车站要严格控制废票张数，一方面可降低售票成本，另一方面可防止抢票、占票的现象出现。

2. 空白票处理

当制票机票号（印刷号）大于计算机票号（记账票号）时，需做“空白票处理”，系统记录空白票存根。

执行此操作后，印刷号与记账号应一致，否则应继续进行空白票处理。直至印刷号与记账号一致为止。

3. 被制空白票

当制票机票号（印刷号）小于计算机票号（记账票号）时，需做补制空白票，并从制票机中印出一张空白票。这时机器已经记账，应把这张票剪下，在作废票处理情况里作废此票；

执行此操作后，印刷号与记账号应一致，否则需继续进行补制空白票处理，直至印刷号与记账号一致为止。

## 七、故障处理

（1）发现故障应及时处理，对不能自己处理的故障及时报告给计算机维护人员。

（2）提示“网络不通”时，应查看 MODEM 的 CD 灯的状态，发现 CD 灯不亮时，马上与车站主机房联系，重开 MODEM，若 CD 灯仍不亮时，就需要联系有关部门检查线路。

（3）提示“连接数据库出错”时，可先按“不结账退出”，再按“开始键”选“重新启动”，如果还不行，就有可能是服务器忙或临时出故障，可联系车站主机房工作人员处理。

（4）微机异常，无法正常退出时，可断掉电源，等 3 ~ 5 min 后再启动微机。

（5）处理故障时应严格按照提示进行，不可售出的客票决不售出，以免席位重号。

（6）处理故障时应认真检查制票机票号（印刷号）与计算机票号（记账号）的一致性。

（7）在规定时间内进行作废票处理，超过时限将限制此项操作。

# 实训项目三：自动售票机操作

第一步：点击自动售票机显示界面右侧出发城市“更改”按钮，选择发站；

第二步：点击自动售票机显示界面右侧到达城市“更改”按钮，选择到站；

第三步：点击自动售票机显示界面右侧日期“更改”按钮，选择乘车日期；

第四步：点击自动售票机显示界面右侧车次“更改”按钮，选择车次；

第五步：点击自动售票机显示界面右侧张数“更改”按钮，通过“加”或“减”按钮选择一等座或二等座及购票张数；

第六步：点击自动售票机显示界面右侧“确认购票”按钮后，认真核对出现在显示界面左上角的车票信息；

第七步：对购票信息确认无误后，按自动售票机显示界面上的提示，在指定位置刷二代身份证，如图 1.48 所示。

图 1.48

第八步：待自动售票机读取身份证信息后，在指定位置插入购票需支付的现金，如图 1.49 所示。

图 1.49

第九步：在“出票口”处取票；

第十步：在“出钞口”和“出币口”分别取走购票余款。

温馨提示：

（1）自动售票机目前只能使用“现金支付”，其他支付方式“储值卡和银行卡”暂时不能使用；

（2）现金只能识别中国银行发行的第四版和第五版的 5 元、10 元、20 元、50 元和 100 元纸币，不接收硬币；

（3）现金支付时，每次只能插入一张人民币，插入方向任意，且自动售票机一次交易最多只可接收 15 张（含）人民币；

（4）旅客在刷二代身份证时，把二代身份证贴在“二代身份证”读卡处表面即可，正反面均可；

（5）自动售票机为乘客送出车票和零钱后，乘客需在自动售票机显示界面上提示的进度时间内取走，取走后要仔细核对所买车票信息、张数和找零是否正确；

（6）如果乘客在购票过程中出现问题，需及时与车站 1 号售票窗口工作人员联系解决。

自动售票机使用简介

你是否曾因购票而恼火？是否曾经怀疑售票员没有全力以赴帮你查询余票信息？是否曾经因售票员的服务态度而愤怒？

学会使用自动售票机，自己来做售票员。

自动售票机，与售票大厅里面售票员使用的售票机在车次和车票查询方面的功能是完全一样的，都是直接从铁路票务中心读取数据，学会了使用自动售票机，自己就相当于是售票员了。下面分享一下购买普通车票的操作方法和一些小技巧。

第一步：购买普通火车票，主要是指成人全票和儿童票（学生票、残疾、军人优待票等不在此列）。

（1）首先选择好乘车日期（注意事项：铁路车票显示的日期从晚上十二点即零点起算从第二天开始），系统会将乘车日期默认为旅客使用该系统时的当前日期。

（2）如果不想买离买票时最早的车次的车票（当前页），那么先用手点击系统右面第三个选项“乘车日期”旁边的“更改”，然后再在左边区域内点击相应日期，选择好乘车日期，再次通过右边的“乘车日期”栏确认系统受理成功，其显示的日期为你所需要的日期（见图 1.50），进行下一步。

第二步，选择“出发城市”，这里为什么是出发城市而不是出发车站呢？因为有的城市不止一个火车站（这在第四步选择“车次”时会重点提及），操作方式与上一步相同，系统默认出发城市为你购票时车站所在的城市。

（1）如果需要买异地票，先点击右边“出发城市”旁边的“更改”，然后再在左边区域内查找，如果桌面上所显示的城市中没有你所需的城市，那么目光移到左上方，选择线别（比如沪昆线、成渝线、川黔线、京九线等），如果不清楚自己所行旅程在哪条线上，那就将目光移到左边区域的右下角，那里有一个“更多城市”，用手点一下，直到选好你所需要的地点并通过右边“出发城市”栏确认已经选中后，进入下一步，如图 1.51 所示。

第三步，选择“到达城市”，之所以是到达城市而不是到达车站，理由与出发城市相同。

操作步骤与“出发城市”完全相同。等到选中到达城市并在右边“到达城市”栏显示正确后，系统马上进入搜索环节，经过查询之后，桌面左边区域内会自动弹出符合上述全部三个选项的所有车次，如图 1.52 所示，接下来就该选车次了。

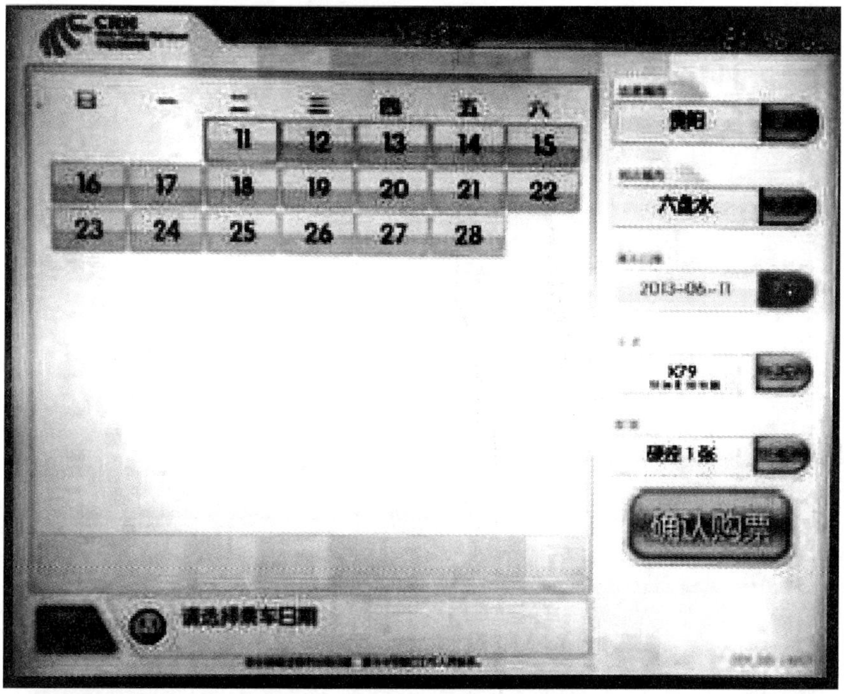


图 1.50

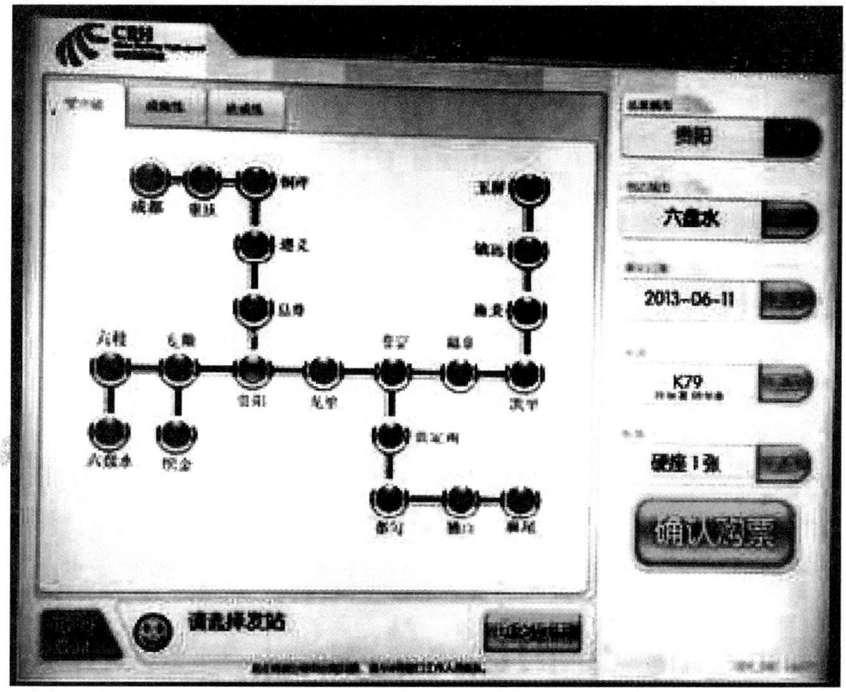


图 1.51

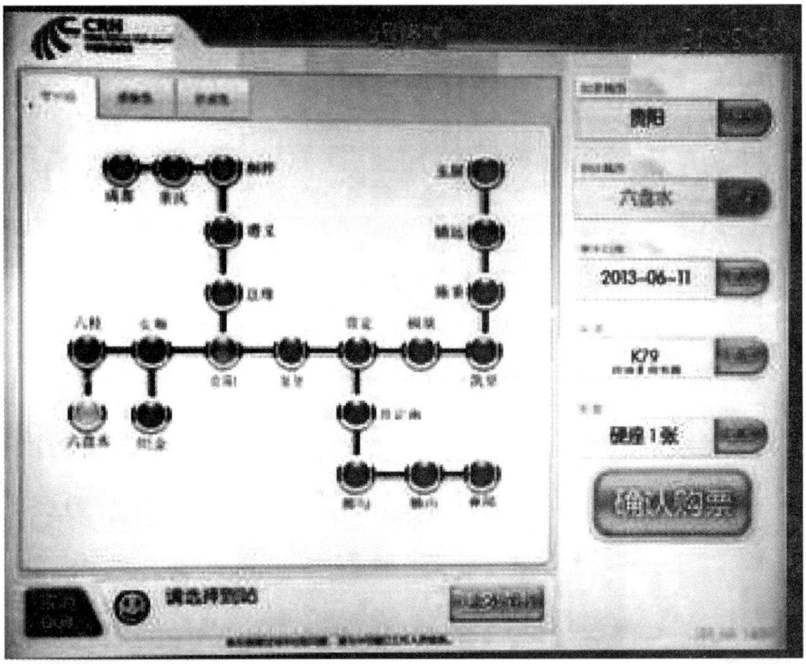


图 1.52

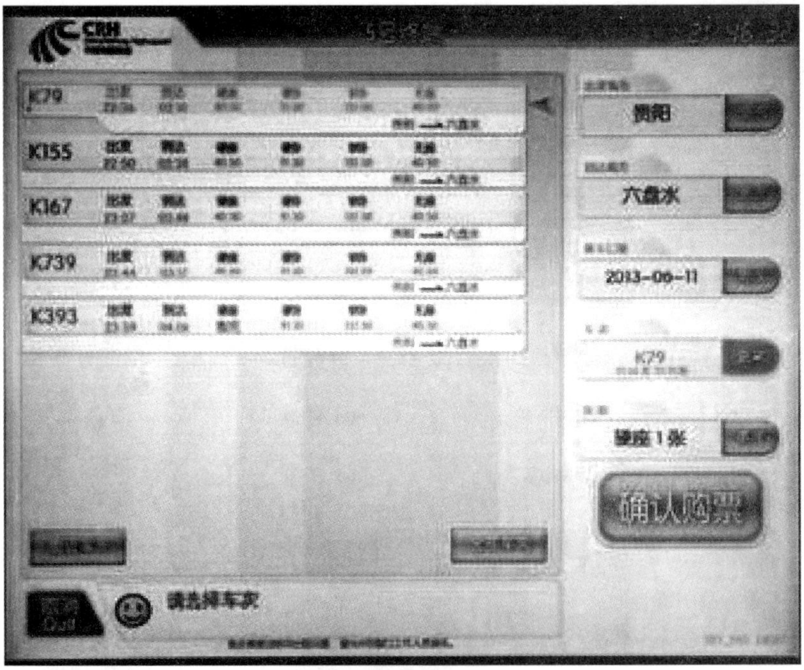


图 1.53

第四步，选择“车次”，系统默认显示“全部车次”，用手在左边区域内逐一点击查看，选中满意的车次后进入下一步。这一步有几个地方需要特别注意。

（1）再次确认右边显示的“出发城市、到达城市和日期”，确认无误后再来选车次.

（2）出发车站，有的车次经过你所选的出发城市，但是可能是在你不想去的那个车站上车，所以一定要确认好出发车站；

（3）到达车站，有的城市有好几个车站，而且相距较远，比如说：杭州南火车站和杭州火车站、成都和成都东、北京西和北京南、重庆和重庆北等等，所以一定要首先确认好自己所选的发站和到站都是自己真正要去的那一个，经过这三步之后，有的车次因不符合具体条件就必须要排除了；

（4）时间和票价，左边区域内不仅有车次，还同时显示了各车次的各种类别的车票的票价以及出发及到达的时间（一定要注意时间为 24 小时制），有的车次出发时间点比较好，有的却是到达目的地的时间点比较好，这个就需要结合个人的时间紧迫性和到达目的地后是否方便换乘等因素来综合考虑了，当最终确定好欲乘车次并确认右边“车次”栏显示正确后，下一步就该选择购买张数了（见图 1.53）（如果赶时间，直接点击左下角的“最近车次”，在确认发站和到站正确后直接进入下一步）。

第五步：选择购票张数。点击右边的“张数”旁边的“更改”，弹出张数选择界面，有“硬座、硬卧、软座、软卧、无座”等选项（硬座与无座票价一样，所以除非连硬座都没有了而自己又急着坐这趟车，否则别去选无座）可供选择，在相应类别右边的“成人票”和“儿童票”下面有“0”和“1”等数字，0 表示不要此种类别的票，这时候你就需要通过点击界面上的圆圈里面的“加”“减”来修改购票张数了（注意：能否购买儿童票是以儿童的身高来衡量的，1.2 m 以下不用买票，1.2 ~ 1.5 m买儿童票，也就是半票，一米五以上买全票。买儿童票不需要身份证，但是必须在此次交易中有至少一张成人票才能购买，就是说不能在自动售票机上单独购买儿童票。买全票必须要身份证。）修改好张数并通过右边的显示确认信息正确后进入下一步，如图 1.54 所示。

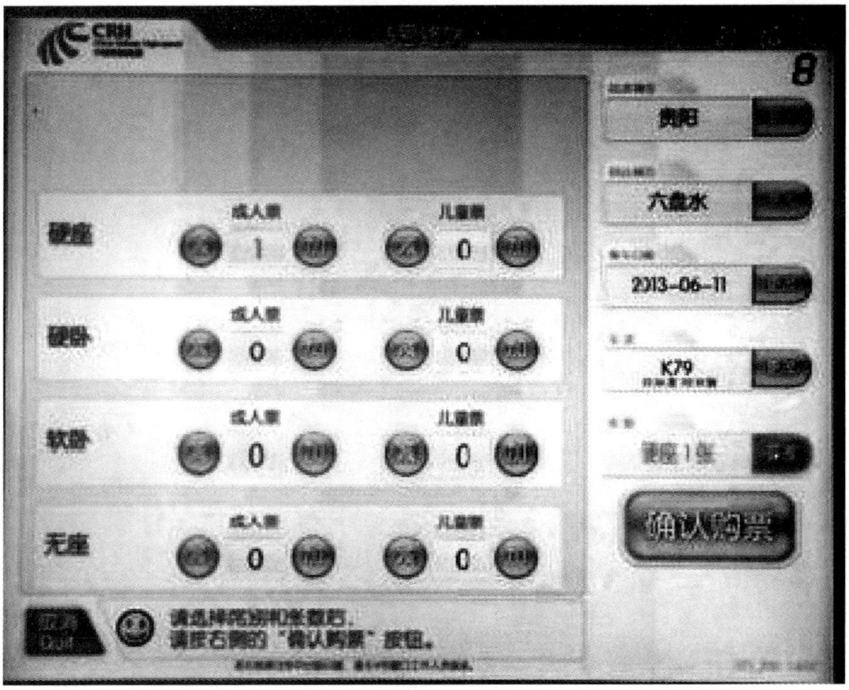


图 1.54

第六步，确认购票。仔细核对“出发城市”“到达城市”“乘车日期”“车次”、“张数”，确认所有信息显示正确后点击“确认购票”（认真核对，仔细检查，一旦买错了去退票是要收手续费的）。到了这一步，如果系统还有你所需车次的相应种类的车票，那接下来就该掏身份证和付钱了。

# 铁路互联网购票流程

## 一、用户注册

在中国铁路客户服务中心网站（www.12306.cn，简称“12306.cn 网站”）注册为成网站用户（简称用户），注册时，准确提供真实信息，以保证顺利购票乘车及享受网站提供的各项服务。一张有效身份证件只能注册一个用户。请注意其中的必填项，特别是填写常用的邮箱地址，便于激活注册用户。

## 二、购票流程（见图 1.55）

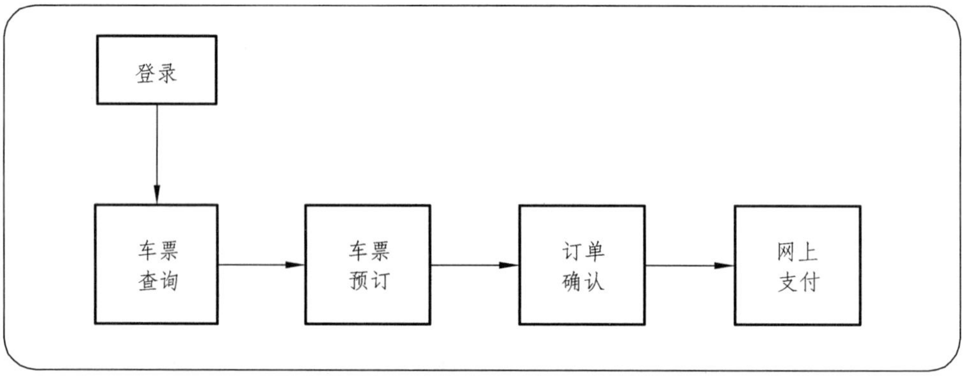


图 1.55

### （一）登录

购票时，凭用户自行设定的用户名和密码登录（见图 1.56）。12306.cn 网站每日 6:00 ~ 23:00 提供购票服务。

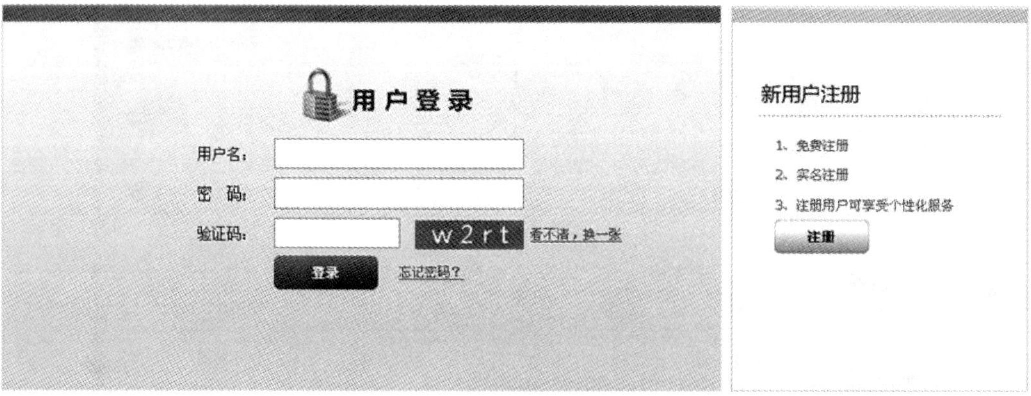


图 1.56

### （二）车票查询

可以在车票查询界面，输入筛选条件查询余票规划行程。并可根据查询结果直接点击选中列车的“预订”钮进入车票预订界面预订车票（见图 1.57）。

图 1.57

## （三）车票预订

可购买网站公布范围内车票预售期内且不晚于开车前 2 小时列车的全价票、儿童票、学生票、伤残军人（警察）优待票。一张有效身份证件同一乘车日期同一车次限购一张车票（儿童票除外），一个订单可购买的车票数量不超过 5 张。有效身份证件有：（1）中华人民共和国居民身份证。（2）港澳居民来往内地通行证。（3）台湾居民来往大陆通行证。（4）护照。注：身高在 1.2 ~ 1.5 m 的儿童无有效身份证件时，须使用同行成年人的有效身份证件信息购票。可以从常用联系人中选择或直接录入乘车人信息，也可以改签席别、票种和张数。

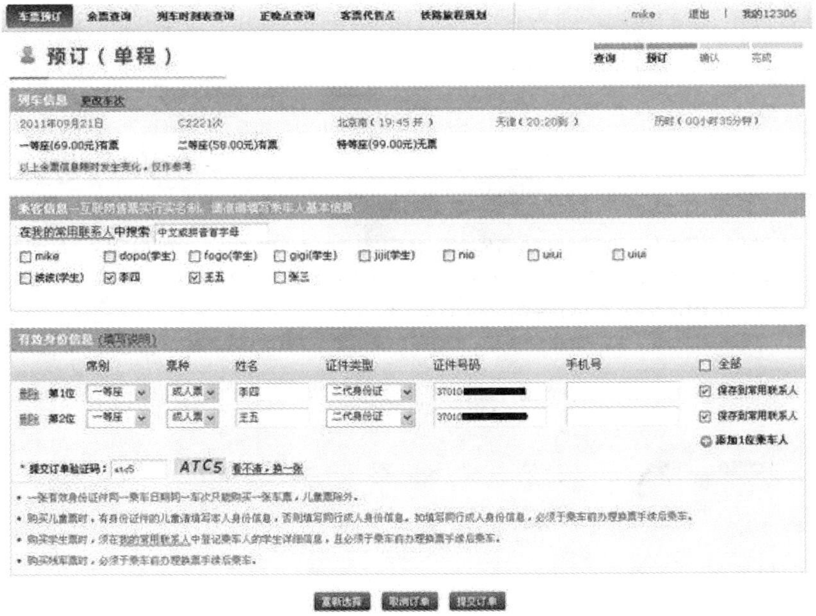


图 1.58

### （四）订单确认

请核对申请成功的车票信息，确认无误后点击“网上支付”，进入网上银行选择界面，如图 1.59 所示。

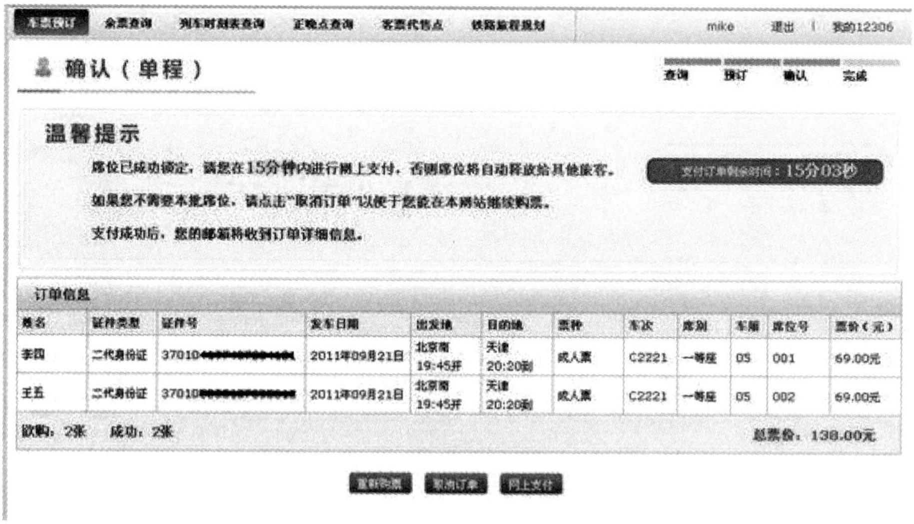


图 1.59

### （五）网上支付

预订成功后在网站规定时间内完成网上票款支付。超时后，车票席位自动取消；继续购票时，须重新申请车票。请使用开通网上银行业务的中国工商银行、中国农业银行、中国招商银行、中国银行或带有银联标志的其他银行卡，直接在网上支付票款。同一订单只能使用一张银行卡一次性支付。开始网上支付后、未完成支付前，不能再次购买车票。

购票成功后请牢记订单号，因为在换票时需要用到（见图 1.60）。

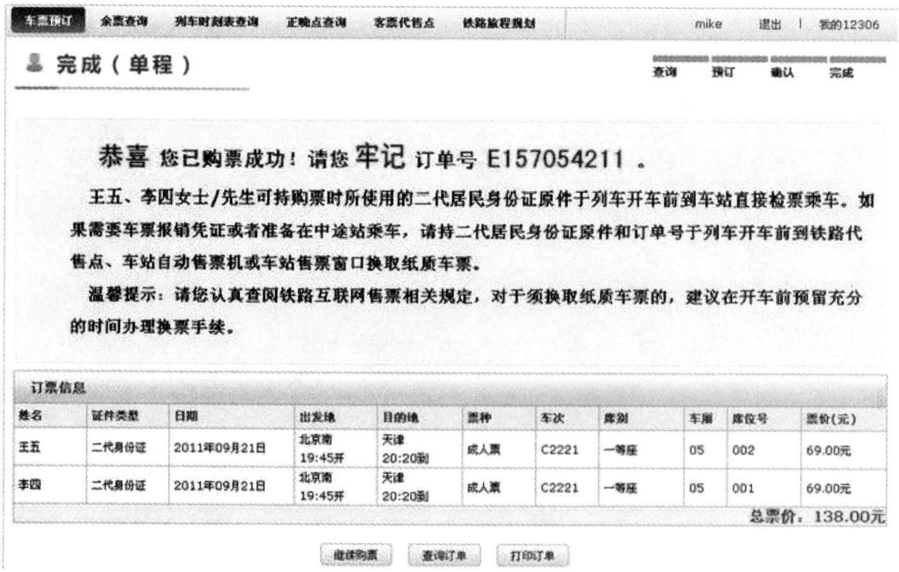


图 1.60

## 三、换票流程

在互联网购票成功后，应持有效身份证件原件和订单号码在开车前到车站或铁路客票代售点换取纸质车票后方可进站乘车。如果在换票前，有效身份证件丢失的，乘车人本人或代办人需持本人有效身份证件原件到乘车站铁路公安制证口，办理临时身份证明，持临时身份证明和订单号码再到车站窗口或客票代售点办理换票。

如果有效身份证件信息、订单号码经核实不一致的，将不予换票。因此请不要使用虚假身份证件购买车票。

# 模块二
# 旅客运输计划编制

## 项目一　旅客运输计划概述

### 一、旅客运输计划的意义、种类及特点

为了充分满足城乡广大人民群众在生产和生活上旅行的需要，不断提高客运服务质量，并保证经济合理地使用技术设备和运输能力，充分挖掘运输潜力，组织旅客均衡运输，就必须编制旅客运输计划。

旅客运输计划是铁路运输计划的主要内容之一，是整个国民经济计划的重要组成部分，它不仅是确定旅客列车对数和客运机车车辆需要数的基础，也是确定客运设备、客运机车车辆修造计划以及客运运营支出计划的重要依据，同时也是铁路旅客运输组织工作的前提，从而保证旅客安全、迅速、准确、便利、舒适地旅行。因此，质量良好的编制旅客运输计划有着重要的意义，站台场景图见图 2.1。

图 2.1

#### （一）长远计划

长远计划一般为 5 年、10 年或更长时期的规划，它是铁路旅客运输的发展计划，通常根据国民经济计划期间（如五年计划）进行编制，主要是规定旅客运输的发展方向、技术政策、速度、重量及有关的主要指标。

### （二）年度计划

年度计划根据长远计划，结合年度具体情况编制，是旅客运输的任务计划。

它是确定旅客列车行车量和客运机车车辆需要量以及客运设备改建、扩建的主要依据。在年度计划中，一般还包括季度的分配数字。

### （三）日常计划

日常计划是根据年度计划任务，考虑假期、季节及日常波动情况而编制的，是指导日常旅客运输的工作计划。在日常计划中，还根据各站所提报的日计划，按照各次旅客列车的运输能力，对各站、各区段的客流，进行统一的平衡和调整，以保证旅客运输任务的完成和旅客列车容量的充分利用。

旅客运输计划，按其组织形式又可分为客流计划、技术计划、日常计划三种。

旅客运输计划与货物运输计划相比较，具有以下特点：

（1）计划期内人们提出的旅行需要，运输部门不能拒绝，不能延期或提前，必须及时满足。

（2）旅客要求的乘车路径和到达地，不能像货流那样可以在全国范围内根据产销合理联系的原则进行调整。

（3）铁路输送旅客的能力及客运机车车辆的工作量决定于旅客运输计划的时间并不一致，从而增加了综合平衡的复杂性。

（4）作为铁路运输主要产品之一的旅客运输（即人的位移），对质量的要求比货物运输更高更严。

# 项目二　客流调查

## 一、客流的形成及分类

### （一）客流的形成

客流是指铁路某一方向上、一定时间内旅客的流量和流向，拥挤的客流见图 2.2，它由旅客运输的数量、行程和方向构成。在我国，客流主要由广大人民在政治上、生产上和生活上的旅行需要所形成。

图 2.2

### （二）客流的分类

铁路为了合理地组织旅客运输和确定旅客列车的运行区段和种类，按旅客的乘车距离和铁路局管辖范围，一般将客流分为以下两种：

（1）直通客流，指旅客乘车距离跨及两个及以上铁路局的。

（2）管内客流，指旅客乘车距离在一个铁路局范围以内的。

## 二、旅客列车分类及列车车次

### （一）旅客列车分类

对客流的不同需求和铁路线路等技术设备条件，铁路开行了不同种类、不同等级的列车，图 2.3 便是其中一种列车。目前，旅客列车分为以下几种。

图 2.3

1. 直达特快旅客列车

这种列车采用先进的庞巴迪和 25T 型客车，车内设备、服务水准一流，最高运行时速达 160 km，途中一站不停，主要安排在客流较大的城市所在站始发、终到，实现大城市间旅客快捷运输。

2. 特快旅客列车

这种列车也是目前国内速度较高、车内设备完善、服务质量较好的列车，在首都与各大城市及国际之间开行。有国际和国内两种特快旅客列车，国内特快又分为跨局特快和管内特快。特快列车停站少，运行速度和直通速度都较其他旅客列车高。

3. 快速旅客列车

这种列车目前在京沪、京广、京哈、陇海等经过技术改造后具有提速条件的线路上开行，其中在相距 1000 ~ 1500 km 的大城市间开行了多对夕发朝至的快速列车，受到旅客极大的欢迎。

4. 普通旅客快车

这种列车分为跨局及管内两种普通快车，比特快、快速旅客列车慢，编组辆数和停站次数较多，运行于各大、中城市之间。

5. 普通旅客慢车

这种列车分为跨局及管内两种普通旅客慢车，编组辆数多，定员多，速度较低，在营业站均有停点。

6. 临时旅客列车

这种列车是为了适应客运市场需求而临时开行的旅客列车。

7. 临时旅游列车

这种列车在名胜古迹、游览胜地所在站和大、中城市间开行，用于输送旅游观光旅客。旅游列车的速度、服务和设备都优于其他旅客列车。

8. 回送客车底列车

这种列车是把客车配属站的空客车底事先调送至异地的列车始发站待用或把旅客运送至目的地后，将空客车底回送至原客车的配属站而运行的列车。

9. 因故折返旅客列车

除上述旅客列车外，旅客运输企业可根据旅客旅行的多元化需求，还可开行其他形式的旅客列车。

### （二）旅客列车车次

全国有上千对不同种类、性质的旅客列车运行在全国各条线路上。为了方便旅客能区别各种旅客列车的性质和种类，同时，考虑到铁路行车部门组织列车运行和进行作业的需要铁路部门把各种旅客列车按其性质、种类和运行方向用一定数字编定车次。所以，车次是某一列车的简明代号，它能表示：列车的种类——是客车还是货车，如系客车还可判明是直通的还是管内的；列车的等级——是快车还是慢车，如系快车还可区分是特快、快速、普快等；列车的去向——是上行还是下行，在我国以向首都北京、支线向干线或指定方向为上行，车次编定为双数，反之为下行，车次编定为单数。

目前采用的车次代码方案为：普通旅客快、慢列车由 4 位数字组成，其他列车由一位字母和 1 至 3 位数字组成（回送客车底列车、因故折返旅客列车除外）客车车次编定如表 2.1、表 2.2 所示。

表 2.1　旅客列车车次表

| 类别顺号 | 列车种类 | | 车　次 |
|---|---|---|---|
| 1 | 动车组 | 跨局 | D001～D398 |
| | | 管内 | D401～D9982 |
| 2 | 直达特快旅客列车 | 跨局 | Z1～Z998 |
| 3 | 特快旅客列车 | 跨局 | T1～T498 |
| | | 管内 | T500～T9984 |
| 4 | 快速旅客列车 | 跨局 | K1～K998 |
| | | 管内 | N1～N998 |
| 5 | 普通旅客快车 | 跨三局及以上 | 1001～1998 |
| | | 跨两局 | 2001～3998 |
| | | 管内 | 4001～5998 |

| 类别顺号 | 列车种类 | | 车　次 |
|---|---|---|---|
| 6 | 普通旅客慢车 | 跨局 | 600～6198 |
| | | 管内 | 6201～7598 |
| 7 | 临时旅客列车 | 跨局 | L1～L998 |
| | | 管内 | A1～A9988 |
| 8 | 临时旅游列车 | 跨局 | Y1～Y498 |
| | | 管内 | Y501～Y998 |
| 9 | 回送出入厂客车底列车 | | 001～00298 |
| 10 | 回送图定客车底 | | 在车次前冠以“0” |
| 11 | 因故折返旅客列车 | | 原车次冠以“F” |
| 12 | 行包列车 | | X1～X298 |

表 2.2　各局管内普通旅客列车车次范围表

| 顺号 | 局　名 | 普通旅客快车 | 普通旅客慢车 | 顺号 | 局　名 | 普通旅客快车 | 普通旅客慢车 |
|---|---|---|---|---|---|---|---|
| 1 | 哈尔滨 | 4001 ~ 4200 | 6201 ~ 6300 | 10 | 上海 | 5051 ~ 5200 | 7101 ~ 7200 |
| 2 | 沈阳 | 4201 ~ 4400 | 6301 ~ 6400 | 11 | 南昌 | 5201 ~ 5300 | 7201 ~ 7250 |
| 3 | 北京 | 4401 ~ 4600 | 6401 ~ 6800 | 12 | 广铁集团 | 5301 ~ 5500 | 7251 ~ 7300 |
| 4 | 太原 | 4601 ~ 4650 | 6801 ~ 6850 | 13 | 柳州 | 5501 ~ 5550 | 7301 ~ 7350 |
| 5 | 呼和浩特 | 4651 ~ 4700 | 6851 ~ 6900 | 14 | 成都 | 5551-5650 | 7351 ~ 7450 |
| 6 | 郑州 | 4701 ~ 4800 | 6901 ~ 6950 | 15 | 昆明 | 5651 ~ 5700 | 7451 ~ 7500 |
| 7 | 武汉 | 4801 ~ 4900 | 6951 ~ 7000 | 16 | 兰州 | 5701 ~ 5800 | 7501 ~ 7550 |
| 8 | 西安 | 4901 ~ 5000 | 7001 ~ 7050 | 17 | 乌鲁木齐 | 5801 ~ 5900 | 7551 ~ 7580 |
| 9 | 济南 | 5001 ~ 5050 | 7051 ~ 7100 | 18 | 青藏 | 5901 ~ 5998 | 7581 ~ 7598 |

## 三、客流的组成规律及其主要特点

### （一）客流组成规律

1. 从旅客组成分析

随着我国工业的发展，特别是乡镇工业与第三产业的兴起，反映在我国铁路的旅客组成上，工人旅客占了很大比重。根据有关部门组织对旅客列车进行抽样调查分析，所有旅客中工人、农民、干部人数占前 3 位，分别占 30.9%、19.3%和 15.9%，由于列车编组、运输价格、旅客需求及旅客经济承受能力不同，造成了不同等级的列车旅客成分不同。等级较高的快速、旅游列车中的干部、工人较多，管内快车、管内慢车旅客中农民相对较多，如表 2.3 所示。

表 2.3　旅客组成调查分析表　　单位%

| 列车种类<br>职别 | 快速列车 | 旅游列车 | 特别快车 | 直通快车 | 直通列车 | 管内特快 | 管内快车 | 管内慢车 | 综合 |
|---|---|---|---|---|---|---|---|---|---|
| 工人 | 23.1 | 31.4 | 27.7 | 27.1 | 32.0 | 28.5 | 32.4 | 36.2 | 30.9 |
| 农民 | 3.9 | 7.4 | 15.2 | 18.5 | 20.5 | 16.4 | 24.4 | 23.4 | 19.3 |
| 军人 | 4.7 | 3.6 | 7.4 | 5.1 | 3.3 | 7.2 | 4.0 | 3.4 | 4.8 |
| 干部 | 39.2 | 21.7 | 21.8 | 19.6 | 10.4 | 18.0 | 11.9 | 8.8 | 15.9 |
| 教师 | 6.3 | 6.1 | 5.3 | 3.7 | 3.3 | 5.7 | 4.0 | 3.9 | 4.3 |
| 学生 | 4.6 | 5.6 | 5.5 | 4.5 | 14.2 | 6.1 | 6.8 | 8.8 | 6.5 |
| 铁路家属 | 1.1 | 2.0 | 3.2 | 2.4 | 11.4 | 2.7 | 3.5 | 6.2 | 3.8 |
| 民工 | 1.7 | 2.7 | 4.4 | 6.9 | 1.9 | 5.6 | 5.2 | 3.3 | 4.8 |
| 其他 | 15.4 | 19.5 | 9.5 | 12.2 | 3.0 | 9.8 | 7.8 | 6.0 | 9.7 |
| 合计 | 100 | 100 | 100 | 100 | 100 | 100 | 100 | 100 | 100 |

随着我国经济建设的发展及经济体制改革的深化，客流的组成也将发生一定的变化。

2. 从旅行目的分析

根据全路抽样调查，目前我国客流的表现，在一些城市和工业区所在地的车站以出差、探亲客流占多数；而在一些中、小城镇，一般农业地区所在地的车站以集市贸易、购售物品的客流亦占一定比重；至于参观游览的客流，则多出现在大城市及风景区所在地的车站，其比重如表 2.4 所示。

3. 从客流性质分析

根据我国历年统计资料，在每年完成的总客运量中，管内客流比重最大，占 60%～70%，这与我国是个农业大国的性质是分不开的。我国农民旅客在总客流量中占相当大的比重，而农民旅客一般活动范围较小，旅行距离较短，故反映在客流性质上，管内客流比重也就最大。

近几年来直通客流的比重增长很快，而市郊客流的比重逐年下降，这与城市公共交通工具迅速发展有着直接关系。历年来我国铁路客运发送量的组成比例如表 2.5 所示。

表 2.4　旅行目的比重表

| 项目<br>旅行目的 | 占总调查人数的比重（%） | 项目<br>旅行目的 | 占总调查人数的比重（%） |
|---|---|---|---|
| 开会、出差 | 34.5 | 探亲、访友 | 22.8 |
| 参观、游览 | 8.7 | 其他 | 17.4 |
| 购、售物品 | 16.6 | 合计 | 100 |

表 2.5　历年我国铁路客运发送量组成比例

| 年份 | 全年发送（万人） | 组成比重（%） | | | 全国人口（万人） | 乘车率 |
|---|---|---|---|---|---|---|
| | | 直通 | 管内 | 市郊 | | |
| 1949 年 | 10 297 | — | — | — | 54 167 | 0.19 |
| 1952 年 | 16 352 | 11.9 | 88.1 | — | 57 482 | 0.28 |
| 1957 年 | 31 262 | 10.1 | 63.0 | 26.9 | 64 653 | 0.48 |
| 1962 年 | 74 067 | 11.1 | 75.5 | 13.4 | 67 295 | 1.1 |
| 1965 年 | 40 708 | 8.4 | 71.6 | 20.0 | 72 538 | 0.56 |
| 1970 年 | 51 646 | 11.4 | 70.0 | 18.6 | 82 992 | 0.63 |
| 1975 年 | 69 648 | 10.2 | 66.4 | 23.4 | 92 420 | 0.76 |
| 1980 年 | 91 246 | 11.4 | 67.2 | 21.4 | 98 705 | 0.93 |
| 1981 年 | 94 239 | 11.7 | 67.9 | 20.4 | 10 072 | 0.95 |
| 1982 年 | 98 888 | 12.0 | 66.9 | 21.1 | 101 654 | 0.97 |
| 1983 年 | 104 946 | 9.4 | 70.4 | 20.2 | 103 008 | 1.02 |
| 1984 年 | 112 265 | 9.5 | 72.5 | 18.0 | 104 357 | 1.08 |
| 1985 年 | 110 913 | 11.6 | 73.3 | 15.1 | 105 851 | 1.06 |
| 1986 年 | 107 358 | 12.7 | 72.9 | 14.4 | 107 507 | 1.02 |
| 1987 年 | 111 414 | 13.6 | 72.8 | 13.6 | 109 300 | 1.03 |
| 1988 年 | 121 595 | 14.3 | 72.2 | 13.5 | 111 026 | 1.11 |
| 1989 年 | 112 798 | 14.3 | 71.8 | 13.9 | 112 704 | 1.02 |
| 1990 年 | 94 888 | 14.8 | 70.9 | 14.3 | 114 333 | 0.83 |
| 1991 年 | 94 208 | 16.3 | 70.9 | 12.8 | 115 823 | 0.81 |
| 1992 年 | 98 788 | 17.4 | 70.5 | 12.1 | 117 171 | 0.84 |
| 1993 年 | 104 580 | 18.0 | 70.7 | 11.3 | 118 517 | 0.88 |
| 1994 年 | 108 009 | 18.1 | 71.0 | 10.9 | 119 850 | 0.90 |
| 1995 年 | 102 081 | 18.7 | 70.5 | 10.8 | 121 121 | 0.84 |
| 1996 年 | 93 551 | 21.3 | 69.2 | 9.5 | 122 389 | 0.76 |
| 1997 年 | 91 919 | 23.9 | 69.1 | 7.0 | 123 626 | 0.74 |
| 1998 年 | 92 991 | 24.8 | 69.2 | 6.0 | 124 810 | 0.74 |

续表

| 年份 | 全年发送(万人) | 组成比重(%) | | | 全国人口(万人) | 乘车率 |
|---|---|---|---|---|---|---|
| | | 直通 | 管内 | 市郊 | | |
| 1999 年 | 97 825 | 26.0 | 68.9 | 5.1 | 125 909 | 0.78 |
| 2000 年 | 101 847 | 28.7 | 66.89 | 4.4 | 126 583 | 0.80 |
| 2001 年 | 101 680 | 27.2 | 68.2 | 4.6 | 127 627 | 0.80 |
| 2002 年 | 101 741 | 30.1 | 68.4 | 4.5 | 128 453 | 0.79 |

## （二）客流主要特点

1. 客流增长迅速

1949 年全路旅客发送量为 10 297 万人，而 1999 年已高达 97 725 万人，增长了 8 倍多，其原因是：农村经济结构发生变化，城镇经济发展，城乡交流活跃，集市贸易开放，新兴工业的建立，人民物质文化水平的提高，人们出行次数的增多以及国际交往频繁等，见图 2.4。

图 2.4

2. 客流波动性大

流在时间上的不均衡性在假期、节日和市郊旅客上下班时间上表现得最为明显。

从图 2.6 可看出，客流在一年里最大的是春运及暑期运输（见图 2.5）。春运以春节为中心，前后一次高峰，并延续 40 天左右。这时也是农闲季节，探亲访友、购物、农贸集市十分活跃，加之学生放寒假，更加大了客流量。暑期运输以八月份为中心，学校开始放暑假，同时，旅游旺季的到来，从而形成客流高峰。一年里六月份为客流量最小月，这时正是农忙季节，沿线农村客流大大下降，成为客流的低谷。

缓和客流在时间上体现不均衡性是比较困难的，因为旅客对运输的需求是有时间性的，为了满足客流波动高峰时的要求，必须建立一定的后备客运能力。

图 2.5

3. 客流分布不均衡

我国铁路客流主要分布在经济比较发达、路网密度较大、人口比较稠密的东北、华北、华东和中南地区。除了人口、经济、文化的发达程度等因素外，不同运输方式的分工与铁路网的密度，对铁路客流的地区分布有着重大影响。华北、华东地区铁路旅客运输量在全路中的比重远低于东北地区。这两个地区公路和水运分担的客流量较大是一个很重要的原因。东北地区人口不到全国人口的 10%，但由于铁路发达，旅客运输量在全路占有的比重长期保持在 40%左右。铁路网的发展对改变客流的地区分布最明显的是西南和西北地区。中国人民共和国成立以来，西南、西北地区的旅客运输量在全路占有的比重，有着明显的增长。

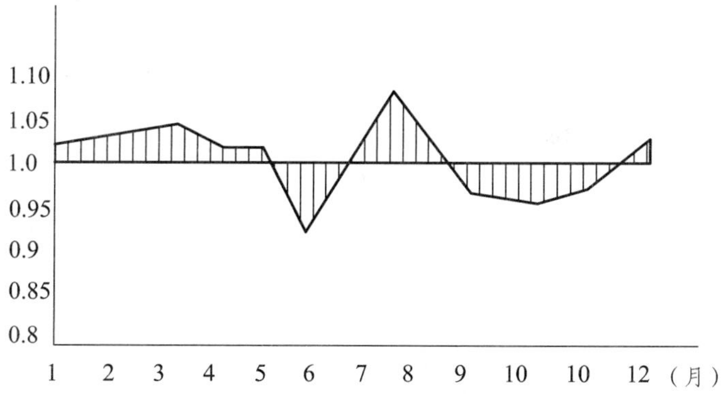


图 2.6　客流渡动示意图

客流在方向上的分布与它在地区上的分布有一定的联系，因为客流并不全都是在它的发生地区内消失。旅客运输量大的地区，它们之间的交流也最频繁。东北、华北、华东、中南地区旅客运输量的比重大于西北、西南地区，因而南北各区之间的旅客交流量大于东西地区之间的交流量。

4. 客流行程比较短

全路旅客平均行程短于货物平均运程，这是在各类客流中，管内客流与市郊客流占有的比重最大的缘故。

近几年来，全路旅客的平均行程比过去有所延长，旅客周转量平均每年的增长速度略高于旅客运输量。客流行程延长比较明显的是管内客流，市郊客流平均行程增长微弱。直通客流的平均行程，20 世纪 70 年代中期曾一度下降，进入 80 年代开始逐渐回升。铁路网的扩大，边远地区的开发，公路旅客运输的发展，都是影响铁路旅客平均行程延长的因素。但在另一方面，我国一些大城市的人口高度密集，铁路市郊运输的增长以及航空运输的日益发展，又将影响铁路旅客平均行程的缩短。为此，今后铁路旅客平均行程的变化，将取决于这两方面因素的增减。

因此，只有不断地分析研究历年客流统计资料，进行客流调查，才能正确地掌握客流的特点及其规律性，为编制质量良好的旅客运输计划奠定基础。

## 四、客运量预测

客运量预测是编制旅客运输计划不可缺少的前期步骤。预测方法根据资料来源的不同基本上可以分为客流调查和统计分析两大类。对于各种预测方法，无论其是否同类，都不是互相排斥的，而是可以结合运用、互相验证、互为补充的。

## （一）客流调查

客流是运输组织工作的基础，是编制旅客运输计划的依据，而摸清客流又是一项比较复杂的工作，因为大部分客流是基于个人旅行需要而自然形成的，但它又受一系列社会因素的影响。因此，客流调查以影响客流发展与变化的主要因素为对象。同时，要确切地掌握一定时期的客流数量和客流变化规律。

1. 影响客流变化的主要因素

（1）社会政治、经济、文化的发展变化。

（2）国家或地区一定时期内方针政策的变化。

（3）生产力布局的变化，经济区的开发，地方工业及乡镇企业的兴办和发展。

（4）人口的自然增长。

（5）人文、民俗及国家和地区性的大型团体活动。

（6）现有铁路的技术改造，新线的修建，客流吸引范围的扩大或缩小。

（7）各种交通运输工具的发展和分工情况。

（8）不同交通工具客运票价的变化。

（9）自然灾害和季节、气候变化。

（10）旅游业的发展变化。

这些因素对铁路旅客运输量的增减变化的影响极为显著。例如，城市人口的增加，广大人民群众物质文化生活水平的提高，铁路客运设备的不断改善和方便旅客乘车旅行等，都会引起客流的急剧增长。

必须指出，上述各种因素的变化，都是国民经济计划在该地区的具体体现。因此，调查、分析和运用这些资料时，首先应该研究国民经济计划的发展趋势，领会党和国家在一定时期制定经济计划的原则精神和在各地区进行经济建设的方针意图。以此作依据，再进行具体资料的分析工作，才有可能使客流调查工作做得更好，更符合客观实际。

2. 客流调查的范围

客流调查的范围，是铁路沿线的吸引区。吸引区分直接吸引区和间接吸引区两种。直接吸引区是指车站所在区被车站直接吸引的城市和居民点的总区域。这个区域可用垂直平分法划出大致范围，如图 2.6 所示。

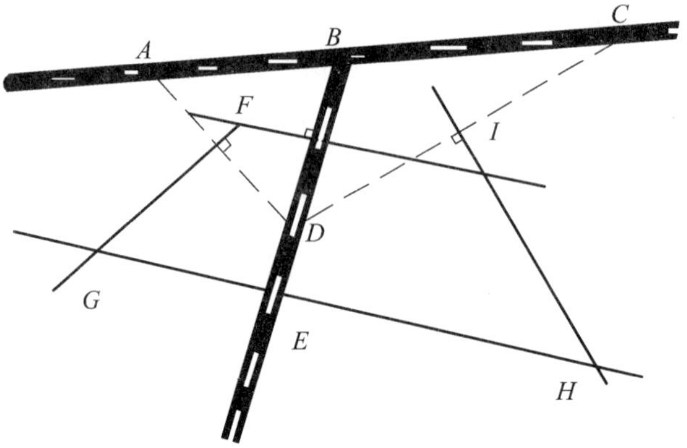


图 2.6　直接吸引区示意图

D 站的几何吸引范围是 GHIF 实线包围的地区。间接吸引区是指车站直接吸引范围以外，由其他交通工具的联系而被间接吸引的较远地区的城市和居民点的总体区域。一般按最短通路原则划定。

3. 客流调查的方法

流调查分为综合调查、节假日调查和日常调查三种。

（1）综合调查。

综合调查一般每两年进行一次。调查的目的是摸清车站吸引区的政治、经济、文化和人民生活情况，了解影响铁路客运量增长变化的各种因素以及对客运工作的客观要求，作为制订长期规划、年度计划及改进客运设备的主要依据和日常客运组织工作的基础。

调查内容如下。

① 吸引地区的一般情况。地区的自然条件（位置、地形、气候等）；行政区域的划分；城市、农村人口的分布和增长情况；工矿企业、机关学校的分布和发展情况；工矿企业生产水平及与外地在供销上的联系；农业生产和劳动力的安排及有组织的或自发的劳动力外出情况；文教、卫生事业的发展和名胜古迹、医院、疗养院的分布。

② 直接影响客流的各项因素。吸引地区的总人数；工矿企业、机关、学校等单位的人员及家属人数，休假制度及利用铁路旅行的情况；疗养、休养处所的开放时间、床位及其周转时间；吸引范围内名胜古迹、游览胜地及历年各月的旅游人数；历年特殊客流及大批人员运输情况（应分出主要到发区段）。

③ 各种交通运输工具的分工情况。吸引范围内现有交通运输方式的运输能力，历年的运量及比例，客流在时间上的变化情况以及今后的发展；各种交通运输工具的运行线路，与铁路旅客列车运行时间的配合情况。

④ 铁路旅客运输资料。按运输类别的旅客发送、中转及到达人数，使用铁路乘车证人数，客流月间、季度的波动情况及原因；历年客流变化及到达各区段的客流量；分直通、管内和市郊的旅客列车对数、运行区段、时间及平时和客运量最大时的运能与运量的适应情况；其他与编制客流计划、组织旅客运输有关的资料。

在调查方法上，采取点面结合的方法，一方面从计委和统计部门搜集计划和历年统计资料，一方面到基层单位或社会做实际调查，经过反复核实，就可以获得较为可靠的调查资料。然后对调查内容分科目制表并按客流分析说明汇编成车站年度客流资料。

（2）节假日调查。

节假日调查主要是对“五一”劳动节、“十一”国庆节、元旦、春节这四大节假日和暑期客流进行调查。前三个节日主要是导致管内和市郊客流增长较大，一般在节日运输前 1 个月左右进行调查，春节、暑期运输的客流调查应在春节、暑期运输前 3 ~ 4 个月进行。

节假日客流调查的目的是为了安排好节日旅客运输方案以及做好各项组织工作，其中包括制定节假日期间临时旅客列车开行方案，编制节日旅客运输计划和售票、服务组织工作等。

调查的主要内容：

① 重点工矿企业、政府机关团体的休假制度、社会经济活动及外地人员乘坐火车的流量和流向。

② 学生客流重点调查本地区大中专学校数量，在校学生和外地学生人数，乘坐火车的流量和流向，放假和开学日期。

图 2.7

③ 民工流重点调查产生地的农业人口数量、乡镇企业发展情况和剩余劳动力数量及外出劳动力分布地区和数量；接纳地区用工部门、劳务市场已经或预计接纳的用工数量；中转站应建立健全民工旅客的流量、流向资料台账，加强分析和预测。

④ 其他交通运输工具与铁路衔接运能、运量的变化情况。

调查的方法可采取登门调查、函调和召集会议等方式。

将调查的资料汇总编制出节假日客流调查统计表。

（3）日常调查。

车站客运计划人员应经常注意车站内和吸引地区的客流情况，随时了解、掌握旅客流量、流向的变化，找出客流受季节、气候等因素影响的规律，分析客流增减数量、变化原因和延续时间等。在调查中，特别要了解旅客的旅行目的、到达地点、返回日期及掌握市郊、周末、集市贸易、旅游、会议等方面的旅行动态。这种调查，对于编制日常旅客运输计划和安排运输工作，将会起到较大作用。

调查内容可根据日常客流发生的特殊变化情况来确定。

调查的方法，可深入售票处、候车室及列车等旅客密集的场所采用“听、看、问”或制订统一的调查登记表发给旅客填写。

客流的调查工作，是由各站组织专门人员来进行的，在调查中必须紧紧依靠地方政府的领导和有关部门的密切配合，成立调查小组，实行分工负责，分片包干。

## 五、国外铁路客流量调查概况

国外铁路运输企业，都十分重视客运市场的调查，积累了丰富的经验。

1. 日本铁路的客运市场调查

日本铁路的客运市场调查主要通过问卷调查的形式展开，从调查问卷可以看出，日本的铁路调查非常细致，涉及个人出行的方方面面。比如，调查了交通换乘的距离、次数、台阶的级数、运行信息、车票价格、车票小型化等内容。利用全国互联网的计算机客票发售系统，对客运市场的变化情况和旅客的具体需求做出了准确的分析和科学的预测。

2. 德国铁路的客运市场调查

德国铁路公司总部设有市场营销部，专门负责市场调查和分析研究，工作做得非常细致、深入。调查方法采用将问卷调查与对售票进行的统计分析相结合的形式，有时也委托外部咨询公司进行调查。

3. 法国铁路客运市场调查

法国铁路采用一套工具组合来了解市场需求，包括市场观察、外部报告/互联网、专门调查小组、高速列车临时线路调查、针对客户、产品和交流的临时调查、旅客自己填写的调查问卷、客户数据库分析。每月还跟踪调查铁路和航空运输及其市场份额，由销售人员和列车经理进行后续日常客户满意度/不满意度调查，建立客户关系中心，了解旅客需求。

## 六、铁路客运市场调查流程

1. 旅客调查

旅客调查具体一点讲就是通过对市场上旅客的调查，获得市场的相关信息，对旅客的需求、偏好以及态度等进行定性和定量分析，从而总结出目标客户群以及他们的需求，市场调查通过信息把消费者、顾客、公众与企业联系在一起，有利于消费者和企业间的双向交流。

目前，由于我国人口较多，旅客水平参差不齐，路网不成体系，针对我国铁路的特殊性正在建设大规模客运专线，应根据实际情况进行客户市场调查，我国铁路客运市场调查应按一定的流程，做到有计划开展。

2. 客户市场调查流程环节

（1）确定调查主题。

反映在调查问卷上就是确定一个合理的问卷题目，能够突出反映调查主题，也便于旅客配合调查。例如，“铁道部满意度调查”就很明显能看出组织单位和调查目的。

（2）搜集调查相关资料。

紧紧围绕调查主题，在宏观上构思出一个整体框架，然后分隔开来，针对每一块内容搜集并罗列出具体的调查内容，再一一筛选，整理出与调查主题最为接近的资料。

（3）设计调查问卷。

相关资料搜集完成后，分别归类总结成题，注意措辞，根据调查问卷设计原则，对调查问卷合理布局，达到与旅客间良好沟通的目的。

（4）开展市场调查。

在调查过程中，工作人员要有良好的沟通和理解能力，确保调查顺利进行，数据录入多采用手工的方式，录入完成后，要进行问卷审核，如有较多不符合要求的问卷，则应补充调查，达到样本量的要求。

（5）数据统计分析。

目前较常使用的是EXCEL统计分析法。

（6）归纳总结统计分析结果，提交调查报告。

# 项目三　旅客运输技术计划

旅客运输技术计划是保证质量良好地完成旅客运输任务，合理使用机车车辆和其他各种技术设备的具体生产计划。

旅客运输技术计划应以客流计划为依据，着重解决以下问题：

合理地选择旅客列车的重量与速度；

恰当地确定各种旅客列车的运行区段和行车量；

正确地编制旅客列车运行图、时刻表和列车编组表；

经济合理地确定客运机车、车辆的需要数。

旅客运输技术计划的编制，是一项细致而复杂的工作。为此，要求客运和其他各部门密切配合，共同努力，编制出质量较高的旅客运输技术计划。

## 一、旅客列车的重量和速度

选择合理的旅客列车重量和速度，是旅客运输组织工作中的一个重要问题。它决定着旅客列车编成的大小及旅客在旅途中的时间消耗，直接影响为旅客服务的质量和客运技术设备的使用效率。

## 二、旅客列车的运行区段及行车量

旅客列车的运行区段和行车量，基本上取决于客流计划。“按流开车”是确定旅客列车运行区段和行车量的基本原则。

在我国，铁路旅客列车的开行必须服从国家的政治、经济、文化、科技、国防的需要，加强首都与各直辖市，各省、自治区首府之间，以及各省、市、自治区主要城市之间，重点工矿之间，边疆、沿海和内地之间，城市和农村之间的联系。旅客列车的开行，必须符合大量客流的需要，同时还要有利于铁路技术设备的合理运用。

现以某线路最大客流方向的总客流计划所绘制的客流图（如图 2.8 所示）为例，从图中不仅能很清楚地看出旅客的流量、流向，而且可以看出客流发生和消失的地点，这就给划分直通和管内旅客列车运行区段的工作提供了有利的条件。

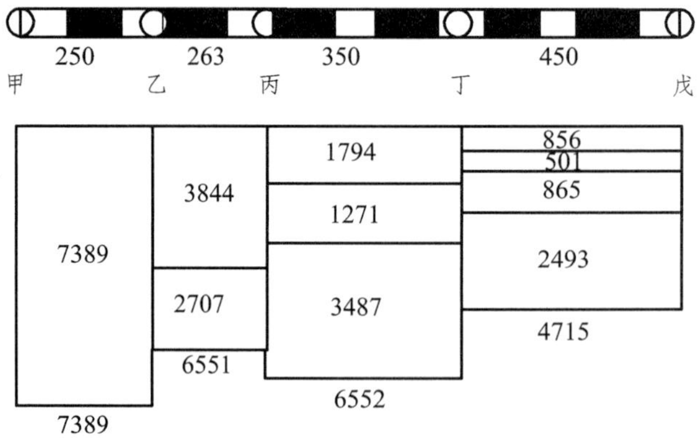


图 2.8　最大客流方向的客流图

根据甲戊线上客流显著变化的地点为乙、丁、戊三站，可按照甲—戊、甲—丁、甲—乙的不同客流密度，确定旅客列车对数。

旅客列车对数确定是否合理，是衡量运行图编制质量的重要标志。列车对数定多了，浪费运能，定少了，造成旅客拥挤，所以正确地确定列车对数是一项很重要的工作。

## 三、旅客列车运行方案图及时刻表

全路旅客列车运行图的编制工作，应贯彻集中领导和群众路线相结合的原则，对跨三局的直通旅客列车，应在铁道部的统一领导下由各铁路局派人到部集中编制。跨两局的直通旅客列车，由两局协商编制。管内旅客列车，则由铁路局组织各分局进行编制。因为对跨局的直通旅客列车，不仅要考虑某一个方向，而且还要与有关方向互相联系起来通盘考虑，全面安排。因此，各铁路局和分局都必须在铁道部的集中领导和统一规划下进行编制工作。

旅客列车运行图的具体编制工作，分两个阶段进行：

第一阶段，铺画旅客列车运行方案图（简称“客车方案”）。客车方案图是列车运行图的骨架，它用小时格运行图铺画，在图上只表示始发站、终点站、分界站及其他主要站的到开时刻。

第二阶段，铺画具有详细时刻的旅客列车运行图（简称“详图”）。详图铺画上的技术问题通过“行车组织课程”研究解决。

### （一）客车方案图的编制原则

旅客列车运行方案所要解决的是每一方向旅客列车在运行图上的整体布局问题，它不仅对整个列车运行图的布局起着决定的作用，而且对列车运行图的编制质量也有直接影响。为此，编制客车方案时应遵守以下原则：

1. 提高列车的直通速度

旅客列车的直通速度是衡量铁路工作水平的标准之一，它对国内、国际都有影响。特别是快车的直通速度，关系到国家的声誉，在政治和经济方面具有重要意义。提高直通速度的技术组织措施是减少停站次数，压缩停站时间，加速技术作业过程，延长客运机车牵引交路。对管内旅客列车，开行对数较多的区段，亦可采取分段服务的办法以提高直通速度。

2. 方便旅客旅行

安排旅客列车运行时，必须把使旅客旅行便利放在重要位置，作为编制客车方案图的基本出发点之一。为此，首先应规定适宜的列车始发、终到和通过主要停车站的时刻，如最好将直通快车在始发站的发车时刻规定在晚间，但一般不得迟于 0:00，而最好将到达终点站的时刻规定在早晨，一般不要早于 7:00。如有两对以上直通快车时，应考虑其间隔均衡，一般各在早晚安排 1 列，但早晨发车，对住在市郊的旅客不大方便。直通列车通过沿途各大站的时刻亦应力求方便旅客，若不能完全满足此项要求，则只能权衡轻重，尽可能予以照顾。

管内旅客列车以运送短途旅客为主，一般运行距离较短，故以白天运行为宜。在管内列车较多的区段不可能均在白天运行时，个别列车亦可在夜间运行，但始发时刻不宜过晚，到达时刻不宜过早。由于在乘坐管内列车的旅客中，有很多需要于当天往返，为满足其需要，列车在折返站的到达与出发时刻之间，应有适当的间隔，以保证旅客有一定的活动时间。

在联结几个铁路方向的大型客运站应尽量缩短旅客中转换乘的停留时间，使各方向旅客列车到发时刻间有良好的衔接。如确有困难时，应照顾主要的中转直通客流方向。

甲枢纽联结三个铁路方向，其中乙—丙有较大的直通客流，规定开行 1145/1146 次直通旅客快车。因此，乙—丙在甲站一般不产生中转直通客流，但乙—丁、丙—丁在甲站都有一定数量的中转直通客流。为减少这些中转直通旅客在甲站换乘的停留时间，应使从丁方向开到甲站的 1198 次列车的到达时刻与由甲站分别开往乙、丙方向的 1146/1145 次列车的出发时刻相配合。

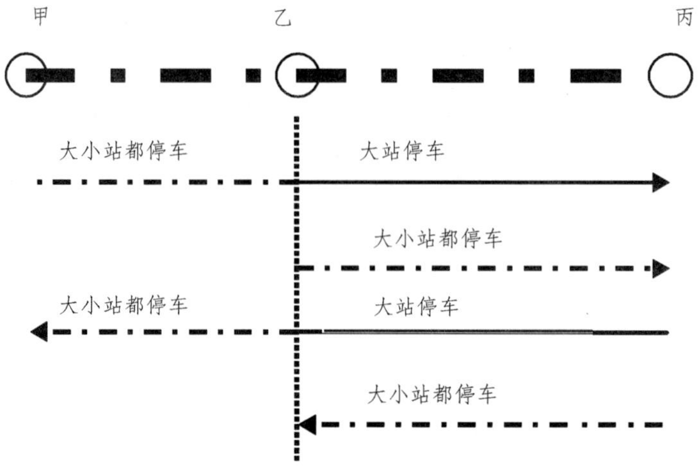


图 2.9

同样，由甲站开往丁方向的 1197 次列车的出发时刻，应分别与由乙、丙方向到达甲站的 1145/1146 次列车的到达时刻相衔接。如果这样做有困难，乙—丁方向的中转直通客流又较大时，可使 1197 次列车在甲站的出发时刻以照顾与乙方向 1145 次列车到达时刻相衔接为主。

由戊到丁及由丙到甲的直通旅客列车经过乙站时，如果由戊方向来的不少旅客是去甲方向的，这些旅客需要在乙站换车。因此，当铺画戊站到丁站的列车时，必须考虑该列车到达乙站的时刻要比丙站到甲站的旅客列车到达乙站的时刻早 1 h 左右，以便旅客在乙站换车。

区段内各中间站产生的直通客流，一般先由管内旅客列车运送到直通旅客快车停车站，然后再转由直通旅客快车运送。到达区段内中间站的直通客流反之。为了减少这部分旅客在换乘站的停留时间，在管内旅客列车对数较多时，最好在直通旅客快车经过较大车站前后，各开行一次管内旅客列车，以利旅客换乘。但此时必须注意图上客车的均衡性。当管内旅客列车较少时，管内旅客列车与直通旅客快车的运行衔接配合，以照顾主要客流为原则。

同时，还应保证旅客列车的到发时刻与其他交通工具（如轮船、汽车、飞机等）互相衔接。这种衔接包括组织联运及缩短旅客由这种运输方式换乘到另一种运输方式的等待时间。这样，不仅可以方便需要换乘其他交通工具的旅客，而且对报纸、邮件的传递也有重要意义。

3. 客货兼顾，全面安排

旅客列车与货物列车在单线和双线区段内均在同一正线上运行，彼此之间势必发生关系。

如旅客列车运行线能适当照顾货物列车的运行，则可以减少额外的扣除时间，节省线路通过能力，缩短机车折返停留时间和减少货物列车等会待避时间，从而加速机车车辆周转。而旅客列车运行线的适当移动往往在实际上也是可以做到的。并且要尽量减少不合理的货物列车待避和停会旅客列车的次数，还要不使旅客列车待避和停会货物列车。同时在客货列车交会或货物列车待避旅客列车时，保证旅客和行车安全。

在单线区段，货物列车与旅客列车交会时，应使货物列车先到停车，旅客列车后到先开或通过，不应使旅客列车停会货物列车。

在双线区段，同方向运行的两列旅客列车的间隔时间，要为货物列车待避的地点创造条件，最好是使货物列车在有技术作业的中间站或技术站上待避旅客列车。

4. 保证旅客列车运行与客运站技术作业过程的协调

大家都希望旅客列车在大城市有比较合适的到发时刻，这就可能出现密集到达或出发的情况，有些衔接几个方向的大型客运站，由于受设备条件的限制，往往在列车密集到发期间，产生敌对进路的交叉干扰。因此，要求旅客列车密集到发的间隔时间应与车站技术作业过程相协调，否则将不能保证车站正常接发列车，造成客运站作业的困难和设备的利用紧张状态，这种情况应尽量避免发生。

同时，大型客运站一般按方向设置候车室，因此，同方向旅客列车的始发间隔时间，应考虑旅客站舍的负担，以免造成站内拥塞。

5. 经济、合理地使用客运机车车辆

旅客列车运行方案安排得好，可以减少车底需要组数，使客车得到更经济的使用，机车也得到节省。

当旅客列车运行图确定后，为保证列车运行图的严肃性、维护铁路的声誉、方便旅客，列车运行图不得随意变动，如必须变动时，应符合下列条件，但变更直通旅客列车运行时刻，必须报铁路总公司批准。

（1）旅客流量发生较大幅度增减或流向发生变化而需增减客车对数时。

（2）技术设备发生变化时，如开通新线、双线、三线、四线和双线、三线、四线插入段，增加会让站，采用自动闭塞、调度集中或其他先进设备，提高线路允许速力等；

（3）工作条件发生变化时；如改变旅客列车重量标准和机车交路，调整列检布局等。

### （三）旅客列车时刻表的编制

旅客列车运行图编完以后，应根据运行图规定的车次、运行区段、停车地点、到发时分以及列车编组等事项编制旅客列车时刻表。利用表格形式，把运行图的主要事项反映出来。旅客列车时刻表的格式如表 2.6 所示。

旅客列车时刻表编制的说明：

（1）时刻表的编制采用 24 h 制，列车在 24:00（即夜间 1:00 出发时为 0:00，到达时为 24:00）。

（2）列车的始发、终点站均以该站的字头、字尾或省、市的简称来表示，并在开往栏内注明该列车的终点站站名。

（3）列车的到、开时刻，凡站名左边的均为下行列车，应由上向下看，并以“↓”表示；凡站名右边的均为上行列车，应由下向上看，并以“↑”表示。

表 2.6　旅客列车时刻表

| 丙 | 甲 | 甲 | 丙 | 甲 | 开往 | 申 | 庚 | 丑 | 寅 | 戊 |
|---|---|---|---|---|---|---|---|---|---|---|
| 8537<br>普客 | 1379<br>普快 | 1315<br>普快 | K149<br>普快 | T5 特快 | | T6<br>特快 | K150<br>快速 | 1316<br>普快 | 1380<br>普快 | 5838<br>普快 |
| 8:10 | 8:50<br>58 | 9:22<br>30 | 14:30<br>38 | 7:12<br>20 | 戊 | 58<br>20:50 | 17:01<br>58 | 44<br>18:34 | 30<br>5:20 | 18:25 |
| 14:22<br>33 | 12:45<br>51 | 13:18<br>26 | 18:44<br>52 | 10:54<br>11:00 | 丁 | 27<br>17:18 | 52<br>12:43 | 24<br>14:17 | 54<br>0:48 | 14<br>12:02 |
| 20:30 | 15:35<br>45 | 16:47<br>17:00 | 21:16 | 13:21<br>29 | 丙 | 10<br>15:20 | 10:08 | 23<br>11:13 | 22:07<br>21:58 | 7:30 |
| | 17:38<br>45 | 18:52<br>19:00 | | … | 乙 | … | | 26<br>9:17 | 12<br>20:04 | |
| | 20:31 | 21:34 | | 17:22 | 甲 | 11:02 | | 7:05 | 17:52 | |

（4）为使时刻表简明起见，有关内容可用符号表示。

常用符号的含义如下：

“…”或“↓”表示列车在该车站通过；

“=”表示列车不经过此站；

“—”表示列车的终点站；

“※”表示旅客乘降所。

# 项目四　旅客运输日常计划

旅客运输日常计划是旅客运输计划的组成部分，它是为保证计划年度任务的完成而编制的。由于旅客运输在节假日、季节及日常时有波动，为指导日常运输工作、保证合理运用技术设备和及时输送旅客，必须编制旅客运输日常计划。

同时就铁路旅客列车本身而言，个别列车可能始发、运行晚点，临时加挂车辆或加开列车，车底中车辆定期检修或临时故障等等，都会影响到发线的使用、机车交路及旅客乘车组织工作的变更。所有这些，也需要通过日常计划由客运调度进行组织调整，使站车互相配合，组织好均衡运输以提高客运服务质量。

旅客输送日计划的编制，实行固定票额与日计划相结合的方法，在客流正常情况下，以分配的固定票额为基础，在客流发生变化时，提出调整票额、增减车辆的计划并报客调，由客调调整后执行。同时，为质量良好地完成旅客输送日计划，防止列车超员（超重）或虚糜，车站和列车间还应实行站、车预报工作。正确的站、车预报，对合理地组织售票工作，维护站、车秩序，保证列车安全正点运行起着重要作用。

## 一、票额分配

每次新运行图实行前编制一次，根据客流变化情况每年定期进行调整。直通列车由铁道部与有关铁路局共同编制（跨三个铁路局以上的旅客列车由铁道部负责，跨两个铁路局的旅客列车由两局协商解决）；管内旅客列车由铁路局编制。

1. 分配依据

（1）指定月份的市郊、管内和直通客流图及主要站间旅客交流表等资料。

（2）列车的旅客密度表资料，应分别整理软卧、硬卧和硬座数字，并分析列车虚糜和超员情况。

（3）主要站分别车次、区段的上车人数和分车次的下车人数。

2. 分配原则

（1）首先满足始发局（站）到达最后一个区段长途旅客的需要。

（2）适当分配给中途局（站），特别是对省会、直辖市、自治区政府所在地（包括铁路局所在地）和外宾、华侨旅行集中地、开放城市的车站应予以照顾。

（3）最后一个铁路局原则上不分配，各停车站可根据列车预报组织售票（或根据上、下车规律数组织售票）。

3. 分配方法

（1）由直通旅客列车担当乘务的铁路局负责，列车始发和通过局参加，共同研究确定分配量，并进行综合平衡。

（2）各铁路局根据整理的实际旅客密度表数字，首先剔除各区段超员的短途客流（超成幅度以外的），然后参考各停车站提供的资料和列车旅客密度表中各停车站的上下车人数相对照，反复平衡各停车站长短途客流数，编制分配票额计划密度表。

（3）平衡时，如果直通能力大于直通客流时，对于富裕的直通能力部分应分配短途票额，组织区段利用。如果直通能力与直通客流处于饱和或不足状态时，计划数字要以直通票额为主，沿途车站不再分配短途套用票额。对中途沿线各站预留的计划票额，由始发站加以利用。

表 2.7 硬座票额分配计划表

硬座　　辆　　标记定员　　实际定员　　超成定员

<table>
<tr><td colspan="5">上行：　　次</td><td rowspan="3">票额计划<br>站名</td><td colspan="5">上行：　　次</td></tr>
<tr><td colspan="4">售票区段</td><td rowspan="2">总数</td><td rowspan="2">总数</td><td colspan="4"></td></tr>
<tr><td></td><td>以下<br>定上</td><td>××<br>以远</td><td>××<br>以远</td><td>以下<br>定上</td><td>××<br>以远</td><td>××<br>以远</td><td></td></tr>
<tr><td></td><td></td><td></td><td></td><td></td><td></td><td></td><td></td><td></td><td></td><td></td></tr>
<tr><td></td><td></td><td></td><td></td><td></td><td></td><td></td><td></td><td></td><td></td><td></td></tr>
<tr><td></td><td></td><td></td><td></td><td></td><td></td><td></td><td></td><td></td><td></td><td></td></tr>
<tr><td></td><td></td><td></td><td></td><td></td><td></td><td></td><td></td><td></td><td></td><td></td></tr>
<tr><td></td><td></td><td></td><td></td><td></td><td></td><td></td><td></td><td></td><td></td><td></td></tr>
<tr><td></td><td></td><td></td><td></td><td></td><td></td><td></td><td></td><td></td><td></td><td></td></tr>
<tr><td></td><td></td><td></td><td></td><td></td><td></td><td></td><td></td><td></td><td></td><td></td></tr>
<tr><td></td><td></td><td></td><td></td><td></td><td></td><td></td><td></td><td></td><td></td><td></td></tr>
<tr><td></td><td></td><td></td><td></td><td></td><td></td><td></td><td></td><td></td><td></td><td></td></tr>
</table>

## 二、旅客输送日计划

1. 日计划的编制

旅客输送日计划必须从全局出发，按照长短途列车合理分工的原则进行编制，特别要注意运输能力在时间上和空间上的均衡使用。同时，通过计划来指导售票和其他服务的组织工作。为此，三等及其以上或客流量较大的车站要设专职客运计划员（三等以下的车站未设客运计划员的，应由客运值班员负责），根据各次列车运输能力的使用情况及票额分配计划，在客运副站长（客运主任）领导下，参照下列情况进行编制。

图 2.10

表 2.8　卧铺票额分配计划表

线

<table>
<tr><th rowspan="2">车　次</th><th rowspan="2" colspan="2">分　　配</th><th colspan="3">软　卧</th><th colspan="3">硬　卧</th><th rowspan="2">附　注</th></tr>
<tr><th>数　量</th><th>车　位</th><th>铺　号</th><th>数　量</th><th>车　位</th><th>铺　号</th></tr>
<tr><td rowspan="12">次<br>软<br>卧<br>定<br>员<br>硬<br>卧<br>辆<br>数<br>定<br>员</td><td rowspan="2">宿营车</td><td>乘务员</td><td></td><td></td><td></td><td></td><td></td><td></td><td></td></tr>
<tr><td>列车发售</td><td></td><td></td><td></td><td></td><td></td><td></td><td></td></tr>
<tr><td colspan="2">机务便乘</td><td></td><td></td><td></td><td></td><td></td><td></td><td></td></tr>
<tr><td></td><td></td><td></td><td></td><td></td><td></td><td></td><td></td><td></td></tr>
<tr><td></td><td></td><td></td><td></td><td></td><td></td><td></td><td></td><td></td></tr>
<tr><td></td><td></td><td></td><td></td><td></td><td></td><td></td><td></td><td></td></tr>
<tr><td></td><td></td><td></td><td></td><td></td><td></td><td></td><td></td><td></td></tr>
<tr><td></td><td></td><td></td><td></td><td></td><td></td><td></td><td></td><td></td></tr>
<tr><td></td><td></td><td></td><td></td><td></td><td></td><td></td><td></td><td></td></tr>
<tr><td></td><td></td><td></td><td></td><td></td><td></td><td></td><td></td><td></td></tr>
<tr><td></td><td></td><td></td><td></td><td></td><td></td><td></td><td></td><td></td></tr>
<tr><td></td><td></td><td></td><td></td><td></td><td></td><td></td><td></td><td></td></tr>
</table>

（1）近日来各次旅客列车上车人数和中转换乘旅客的实绩及其规律；

（2）节假日与平时客流差异情况及其规律；

（3）近几天内天气情况及过去天气变化对客流影响的规律；

（4）团体旅客预约乘车以及其他情况等。

具体编制方法如下。

（1）旅客输送日计划，应分为管内和直通运输，分车次并按客流区段进行编制。车站的发送和中转旅客都要统一纳入计划，其内容包括各次列车的运能（分软、硬卧，软、硬座）及预售、站售、剩余数、中转、乘车证人数（并按限售区段分列），直通列车列有预报数，还有考核成绩的兑现率。对团体旅客、下车人数（分别到达及中转）和 18 点业务简报也另有栏别对其进行登记。

（2）节假日计划与正常日计划的编制方法有所不同。正常日计划主要根据日常的运输能力来调整和均衡地安排旅客运输工作，而节假日运输时间集中，客流量大，波动性也大，且常为单方向客流，运力和组织工作的安排仅靠铁路本身是不行的，必须得到地方政府及有关部门的协助，收集有关资料综合平衡，共同来确定旅客运输计划和组织工作，以保证节假日旅客运输任务的完成。

旅客输送日计划的编制，除了客运计划员要积极努力，充分发挥高度的负责精神和科学态度之外，还要与客运值班员、售票员和客运员等密切合作，广泛听取他们的意见，以提高计划质量。

2. 日计划的审批

旅客输送日计划编制完毕，经客运副站长（客运主任）审查，然后提报铁路局客调，综合平衡予以批准。

客调根据各大站的日计划提报数，加上小站的上车规律数，较全面地算出各次列车在各客流区段内的客流密度，从而可以看出某次列车超员或虚糜的情况，本着始发站照顾中间站、大站照顾小站的原则进行调整。这样使各站之间、各次列车之间的旅客人数得到合理的分配，以提高客车使用效率。其调整方法如下。

（1）直通旅客列车的日计划主要按铁路总公司部定的票额分配计划审批。遇有长途客流发生变化时，车站将变化数量及其流向报告铁路局客调，由铁路局客调在本局管内进行调整。如铁路局管内调整不过来时，则需采取增大超员率（必须经铁路总公司批准）或加挂车辆的方法解决。

（2）管内旅客列车日计划的调整方法。大站日计划报铁路局客调，小站日计划报车务段，加以平衡后由铁路局客调进行综合调整。由车站将日计划统一报铁路局客调，由铁路局客调根据管内下车规律的定量和系数求得各区段密度，然后将各区段能力和密度比较做数字平衡。

经过客调平衡调整后的旅客输送日计划，以调度命令的方式于前一天下达给各站执行。

3. 计划的执行

客运计划员接到铁路局客调批准的旅客输送日计划，应将预售及团体旅客人数和中转签证的规律数从调整后的计划人数中减去，即可得出本站次日可以发售的票额，再由客运计划员下达给售票处进行发售。

同时，在日计划的执行中，还应注意处理好以下几个问题。

（1）长短途列车的分工和中转换乘优先。长途列车必须组织长途旅客乘坐，如果发售短途票必然会积压长途旅客，给长途旅客带来很多困难。换乘优先是指在同等条件下，换乘旅客优先于始发旅客乘车。

（2）大站照顾小站，始发照顾中途。大站是指特、一、二等站，这些车站客流量大，停站列车多，分配票额多，有的还有始发列车，客流便于组织调整。中间小站停站列车少，有的一昼夜只有 1 ~ 2 趟列车停站。如大站不按计划票额发售或超售，不照顾中间小站，则小站就无法组织旅客上车。始发站与中途站的关系也如此，始发站必须根据计划票额发售，不得超区段，否则将导致中途站旅客买好了票上不了车，使列车“吊客晚点”，打乱列车运行秩序。

（3）满足一般，保证重点。一般来说，首长、外宾、华侨、记者、机要人员、老弱病残和其他有特殊困难的旅客，应较一般旅客优先安排，在票额紧张，运能不足时，更应根据具体情况，实事求是地处理好。

（4）严格掌握“热门车”，有计划地组织“冷门车”。旅客旅行既要考虑乘车时间好，又考虑到了矛盾，必须有计划地组织，把“热门车”的票额掌握得严一些。对“冷门车”则加强组织，使大站客流组织乘坐“冷门车”，因大城市市内交通比较方便，而且同方向行驶的旅客列车停靠次数也较多。让小站旅客乘坐“热门车”，这就更能满足不同旅客的需要。

为了充分利用运能，旅客退票时必须做好登记工作，并应对退票的票额及时使用。

客运计划员对日计划及票额分配执行情况应经常督促检查。为了分析旅客运输日计划的编制质量，车站应对每一车次统计其实际上车人数（分软、硬座和软、硬卧），并和旅客输送日计划相核对，从而查明超员或不满员情况。通过经常的统计分析，积累资料，就能逐步提高计划编制的质量。

## 三、站、车客流信息传报工作

站、车客流信息传报工作是指办理客运业务的车站按规定区段或停车站正确、及时地向旅客列车提报确切的乘车人数，同时，旅客列车如遇客流高峰，造成严重超员时，列车长应及时向有关车站拍发超员电报做好相互通报的工作。

建立站、车客流信息传报制度，是合理组织旅客乘车、控制列车超员、弥补列车虚糜、实现旅客计划运输的主要措施之一，同时也是实现车站旅客输送日计划的重要环节。站、车客流信息传报工作和车站旅客输送日计划的结合，可使客调及时了解和掌握各次列车的旅客密度，使始发站和中间停车站的客流得到及时输送，列车前方停车站能有预见性地组织旅客乘车，以保证旅客的均衡运输。

通过站、车客流信息传报，还可为列车提供良好的服务条件，这对车站合理地组织售票，维护站、车秩序，保证旅客列车安全正点运行起着重要作用。

### （一）专用表报和填写方法

1. 乘车人数通知单

乘车人数通知单（客统3）简称“一单”，格式如表2.9所示。

（1）用途。

① 乘车人数通知单是车站统计各次列车上车人数，积累客流资料的原始记录。

② 乘车人数通知单是列车填写旅客密度表的依据。

表2.9　乘车人数通知单　　客统3

广汉站　　年　月　日　　1366次车

| 到站 | 软卧 | 硬卧 | 软座 | 硬座 | | | |
|---|---|---|---|---|---|---|---|
| | | | | 站发 | 中转 | 乘车证 | 合计 |
| 河里 | | | | 5 | | | |
| 九州 | | | | 21 | | | |
| 德阳 | | | | 25 | | | |
| 丰城 | | | | 11 | | | |
| 吉安 | | | | 20 | | | |
| 永顺 | | | | 12 | | | |
| 福塘 | | | | 10 | | | |
| 飞龙 | | | | 5 | | | |
| 江南 | | | | 5 | | | |
| 都安 | | | | 66 | | | |
| 贺县 | | | | 10 | | | |
| 松林 | | | | 20 | | | |
| 盐城 | | | | 10 | | | |
| 南海 | | | | 450 | | | |
| | | | | | | | |
| 合计 | | | | 670 | | | |
| 上车总人数： | | | | 总进款：　元 | | | |

第______次列车长______签收

③ 乘车人数通知单是车站考核日计划兑现率，检查售票、签票执行日计划情况的依据。

（2）填报方法。

① 凡办理客运业务的停车站都必须按到站或规定的区段，正确地统计旅客上车人数，做到真实可靠，正确率达到95%以上，并及时向列车提交“乘车人数通知单”。快车按到站，慢车按规定的区段分别统计软、硬席乘车人数。无旅客上车时，车站也要提交“乘车人数通知单”，并在人数栏内填写“无”字。

② 在本站始发、中转换乘的上车人数（包括不出站签证换乘的人数）和使用铁路乘车证乘车（简称免票）的人数，要分别填写在始发、中转及铁路乘车证的到站人数栏内。

③ 软、硬座乘车人数的统计采取检票记数或售票记数的方法。检票记数是由检票员检唱票、记数员记数，一般采取“两剪一记”的方法，大的客运站采用电子统计器记数。在记数时以始发，中转、免票按到站或区段进行统计。售票记数是由售票员在售票时记录各次列车分到站或区段的售票张数，再加上各次列车中转和免票的上车人数，即为乘车人数。

④ 乘坐卧铺的旅客也统计在“乘车人数通知单”内，车站要将中途上车和临时调拨的卧铺按照车号、铺号填写“中途预留剩余卧铺通知单”（客统 6），于开车前交给列车长。

⑤ “乘车人数通知单”和“中途预留剩余卧铺通知单”，一律一式两份，一交列车长，一份由列车长加盖规定名章后留站存查。

2. 列车旅客密度表

（1）列车旅客密度表（客统 4）简称“一表”。

① 列车旅客密度表积累各站上下车人数资料，为编制旅客列车运行图，调整列车停站和票额分配计划提供准确的依据。

② 列车旅客密度表是列车长及时掌握旅客流量流向变化，合理安排列车统一作业过程，为旅客提供优质服务的基础。

（2）填写方法。

① 列车旅客密度表为梯形表格，分硬座及软、硬卧两个梯形表格。每一竖格的垂直累计数为各站上车人数，每一横格水平累计数为各站下车人数。

② 列车长必须亲自填写列车旅客密度表。列车始发前要填写好列车车次、始发日期、始发站名、终到站名，担当段名、组名、列车长姓名，列车编组辆数；填写列车硬座标记、实际、超成定员数及软、硬卧定员数。按列车办理客运业务停车站站顺填记站名（区段）并留出核实栏空格，“固定票额”栏用红笔填写各站的票额分配数（或根据上级命令填记调整后的数字）。软、硬卧梯形表中“固定票额”栏内斜线上方填写软卧票额，下方填写硬卧票额，遇有甩挂车辆时，则应填好甩挂车辆数、车种及到站。

③ 列车从始发站开出后，列车长根据各停车站提交的“乘车人数通知单”将旅客乘车人数分别填写在各到站（区段）栏内；软、硬卧乘车人数根据各卧铺车厢列车员统计的实际人数分别填写在软、硬卧到站栏内，斜线上方填软卧人数，下方填硬卧人数。

保证列车旅客密度表中数字的正确性，列车必须认真执行看票上车制度。列车在始发站开车后，应通过旅客去向登记、夜间看票记录或验票的方法，对车内实乘人数按到站（区段）进行一次全面核实，并将核实人数用红笔填写在核实栏内，为全程打好基础。列车运行途中在不干扰或少干扰旅客的前提下，于分界站前用上述方法对车内人数按到站（区段）进行核实调整。如列车在某局管内运行超过 800 km 时，增加一次核实。

列车旅客密度表“车内人数”的计算方法为：列车到站前的车内人数减去本站的下车人数加上本站的上车人数等于列车由该站开出后的车内人数（即车内旅客密度）。在“记事”栏内注明沿途未交“乘车人数通知单”的站名。

（3）列车旅客输送量的计算。

列车到达终点站前，列车长应计算一个单程的旅客输送量，其计算方法如下：

旅客输送量=软、硬座各站下车人数+软、硬卧各站下车人数

用同样方法计算出返程旅客输送量，往返旅客输送量之和即为该次列车总的旅客输送量。

### （二）要求

做好站、车客流信息传报工作是实现旅客计划运输、防止旅客列车超员和虚糜、组织旅客均衡运输的重要措施。在办理站、车预报中要做到：

（1）在时间方面必须做到迅速及时。

（2）在人数统计、填报上必须正确。客统 3、客统 4 中的数字正确率均要求达到 95%以上。

（3）按规定交接。凡是营业停车站，列车长要准时下车，客运值班员要准时接车，采取相互加盖“站、段名和姓名”印章的办法（如客统 3 无车长盖章，视作车站未向列车递交），并规定在列车中部办理交接手续。

（4）列车要认真执行验票上车制度。发现车站任意超售客票时，列车长应电告有关铁路局。对造成列车严重超员的车站，要认真追查责任，严肃处理。

（5）资料的积累。

① 客运（列车）段积累、分析列车在各停车站的上下车人数，直通旅客快车的运能（分软、硬座和软、硬卧），规定各区段的旅客密度人数。各次列车旅客密度表保存 1 年；各站递交的“乘车人数通知单”保存 3 个月；列车各车厢的“旅客去向登记记录”保存 3 个月。

② 车站将经列车长盖章的“乘车人数通知单”按车次装订成册，保存 3 个月。

# 模块三
# 铁路旅客运输

## 项目一　铁路旅客运输合同

### 一、铁路旅客运输合同的定义

铁路旅客运输合同是明确承运人与旅客之间权利义务关系的协议。起运地承运人依据本规程订立的旅客运输合同对所涉及的承运人具有同等约束力。

铁路旅客运输合同的基本凭证是车票。

（1）运输合同的主体是承运人和旅客、托运人。运输合同主体是运输合同权利义务的承担者，即运输合同的当事人。根据运输合同是双务合同的特性，当事人一方是享受收取运费或者票款权利承担运送义务的承运人，另一方是享受运送权利并支付运费的旅客和托运人，双方当事人的数目视具体合同关系而定。在运输合同中，承运人作为一方当事人，可以是一人或者数人，如在相继运输中承运人可分为缔约承运人和实际承运人，在多式联运合同中有多式联运经营人和各区段承运人。承运人多为法人或者组织，但也可以是个人。托运人是指与承运人订立货物运输合同的一方当事人。在旅客运输合同中，旅客具有双重身份，其是运输合同的一方当事人，又是运输合同权利义务所指的对象。

（2）运输合同中的托运人有时就是收货人，但是在多数情况下，另有收货人，此时，收货人不是运输合同的一方当事人。其他国家和国际公约一般都规定，货物送达目的地后，承运人有通知收货人的义务，经收货人请求交付后，取得托运人因运输合同所产生的权利。在存在收货人的情况下，托运人与承运人订立运输合同是为了收货人的利益，承运人应当依照运输合同向收货人交付，但收货人的权利产生于请求交付之时，而非运输合同订立时，收货人是运输合同的第三人，也是运输合同中重要的关系人。

（3）运输合同是承运人将旅客或者货物运输到约定地点。由此可见运输合同的客体是承运人运送行为，不是货物和旅客。

### 二、铁路旅客运输合同的有效期

铁路旅客运输合同从售出车票时起成立，至按票面运输结束旅客出站时止，为合同履行完毕。旅客运输的运送期间自检票进站起至到站出站时止。

### 三、旅客的基本权利和义务

1. 旅客的定义

将持有铁路有效乘车凭证的人和同行的免费乘车儿童，根据铁路货物运输合同押运货物的人视为旅客。

2. 旅客的权利

（1）依据车票票面记载的内容乘车；

（2）要求承运人提供与车票等级相适应的服务并保障其旅行安全；

（3）对运送期间发生的身体损害有权要求承运人赔偿；

（4）对于运送期间因承运人过错造成的随身携带品损失，有权要求承运人赔偿。

3. 旅客的义务

（1）支付运输费用；

（2）遵守国家法令和铁路运输规章制度，听从铁路车站、列车工作人员的引导，按照车站的引导进站、出站；

（3）爱护铁路设备、设施，维护公共秩序和运输安全。

# 项目二　车票发售

## 一、软座客票的发售

发售软座客票时，最远至本次列车终点站。旅客在乘车区间中，要求在一段乘坐硬座车，在一段乘坐软座时，全程发售硬座客票。乘坐软座时，另收软座区间的软、硬座票价的差额。

在软座车有空余包房的条件下，车站可根据列车长的预报发售软座车票。发站给中途站预留的包房，可利用其发售的最远至预留站的软座车票，但涉及夜间（20:00 ~ 次日 7:00）乘车的不得超过 2 h。

对发售软座客票的规定，主要是由于目前多数列车没有编挂软座（卧）车，即便编挂了软座（卧）车也是少量的，不能满足旅客中转换乘的需求，所以规定只能发售到旅客的换车站或本次列车的终点站。

同时，铁路现在规定动车组车票最远只发售至本次列车的终点站。

## 二、加快票的发售

旅客购买加快票必须有软座或硬座客票。发售加快票的到站，必须是所乘快车或特别快车的停车站。发售需要中转换车的加快票的中转站还必须是有同等级快车始发的车站。

## 三、卧铺票的发售

旅客购买卧车票时，卧铺票的到站、座别必须与客票的到站、座别相同，但对持通票的旅客卧铺票只发售到中转站。

## 四、空调票的发售

旅客乘坐提供空调的列车时，应购买相应等级的车票或空调票。旅客在全部旅途中分别乘坐空调车和普通车时，可发售全程普通硬座车票，对乘坐空调车区段另行核收空调车与普通车的票价差额。

## 五、儿童票的发售

儿童票是指在公共交通或公共场合儿童所需要购买的票据。承运人一般不接受儿童单独旅行（乘火车通学的学生和承运人同意在旅途中监护的除外）。

在售票空口、检票口、出站口、列车端门都涂有测量儿童身高的标准线，为测量儿童身高之用。但成人无论身高多少均应购买全价票。

（1）每一成人旅客可免费携带一名身高不足 1.2 m 的儿童，携带的儿童超过 1 名时，超过的儿童应买儿童票。

（2）儿童票的座别应与成人票相同，其到站不得远于成人车票的到站。免费乘车及持儿童票乘车的儿童单独使用卧铺票时，应当补收票价差额。

（3）通学的小学生不论身高多少，均按学生票办理。成人无论身高多少均应购买全价票。

## 六、学生票的发售

在普通大、专院校（含国家教育主管部门批准有学历教育资格的民办大学），军事院校，中、小学和中等专业学校、技工学校就读的没有工资收入的学生、研究生，家庭居住地和学校不在同一城市时，凭附有加盖院校公章的减价优待证的学生证（小学生凭书面证明），每年可享受四次家庭和院校之间的半价硬座客票、加快票和空调票。新生凭录取通知书、毕业生凭学校书面证明可买一次学生票。

华侨学生和港澳台学生按照上述规定进行同样的办理。

发售学生票时应以近径路或换乘次数少的列车发售。

《铁路旅客运输办理细则》第 17 条规定：发售学生票时除了要求出示相应的证件外，还应按如下原则发售：

（1）普通大、专院校，中、小学和中等专业学校、技工学校是指符合政府教育部门所规定的年限、学期和课程等制度并经相应级别的教育机关注册的院校，不包括各类职工大学、电视大学、业余广播大学、函授学校。

（2）“没有工资收入的学生”，是指没有固定工资收入的学生。学生有无工资收入，由学校确定，铁路凭学校发给的减价优待证给学生售票。如能够确认有工资收入的学生持减价优待证购票时，车站可以拒绝发售学生票，并通知学校处理。

（3）学生父、母都不在学校所在地，并分两处居住地时，由学生选择其中一处，并登记在学生减价优待证上。如学生父母迁居时，根据学生申请，经学校确认，可将学生减价优待证上的乘车区间更改并加盖公章或更换新证。学生回家后，院校迁移或调整，也可凭学校证明和学生减价优待证，发售从家庭所在地到院校新所在地的学生票。

（4）学生每年仅能购买四次单程减价票，当年未使用的次数，不能留作下年使用。

（5）学生票应按近径路发售，但有直达列车或换乘次数少的远径路也可发售。不能留作下年使用。

（6）在乘降所上车的学生（其减价优待证上注明上车地点不为乘降所），可以在列车上售给全程学生票，并在减价优待证相应栏内，由列车长注明“某年某月某日乘某某列车”，加盖名章，作为登记一次的乘车次数。

（7）超过减价优待证上记载的区间乘车时，对超过区间的按一般旅客办理，核收全价。

（8）华侨学生和港澳台学生回家时，车票发售至其他地方旅游观光或探亲访友时，在规定的次数内可发售学生票，由学校所在地车站和返程站售票时各加盖依次站名戳以记录售票次数。

（9）符合减价优待条件的学生无票乘车时，除补收票款外，应在减价优待证上同时登记盖章，作为依次乘车次数。

一般条列：

（1）本办法适用于普通高等学校（含学历教育的民办高等学校）、中等职业学校、承担研究生教育任务的科学研究机构（以下简称科研机构）、军事院校和中学小学在校就读，家庭居住地和学校不在同一城市，没有工资收入的学生。

（2）普通高等学校、中等职业学校、科研机构、军事院校在校学生凭注明乘车区间、加盖学校公章、贴有火车票电子优惠卡（以下称优惠卡）的学生证，中小学生凭学生证及学校书面证明每年可购买四次家庭居住地到学校的往返火车硬座半价客票、加快票和空调票（简称学生票或学生往返票）动车组列车只售二等座车学生票，学生票为全价票的 75%。新生凭录取通知书、毕业生凭学校书面证明可购买一次学生票。

（3）学生票乘车时间限定为每年暑假的 6 月 1 日至 9 月 30 日、寒假的 12 月 1 日至 3 月 31 日。

（4）学生往返票按近径路发售，返程票票面注明“学返”字样。学生同时购买往返票时由学校所在地车站对优惠卡次数进行两次核减；购买联程票或乘车区间涉及动车组列车的，可分段购票。学生票分段发售时，由发售第一段车票的车站在优惠卡中划销次数，中转站凭上一段车票售票，不再划销乘车次数。

（5）学生往返票每年暑假和寒假集中办理两次，铁路局、省级教育行政部门及高等学校共同配合，于每年的 5 月 20 日及 11 月 10 日前完成客流调查工作。

（6）学生往返票原则上由学校所在地车站组织各学校集中办理，剩余车票由车站设专口发售。

（7）办理学生往返票的车次，由铁路局在集中办理学生票前向相关省级教育行政部门和学校公布。学生在学校所在地购买返程票的乘车站原则上为列车的始发站。

（8）省级教育行政部门协调各学校做好学生运输工作，通过错开学校放假时间、错开铁路客流高峰期，保证学生均衡运输。

（9）省级教育行政部门建立学生基础信息资料库，并于每年 11 月前根据招生情况予以更新，向铁路局提供学生客流基础资料，为铁路局预测学生客流流向、流量，合理安排运力提供参考依据。

（10）各学校指定具体部门负责学生票办理工作，与车站建立联系制度，集中提交学生往返乘车计划，协助车站办理本校学生购票工作。

（11）办理学生票不得向学生收取任何附加费用。

（12）集中办理的学生票原则上不办理退票，特殊情况需退票时，由学校集中办理。

（13）客票代售点原则上不得办理学生返程票。

（14）各铁路局要根据本办法制定学生返程票操作规程，并予以公布。

（15）本办法由铁路总公司负责解释。

## 七、残疾军人票的发售

残疾军人半价票相关的文字法律依据如下。

《军人抚恤优待条例》《中华人民共和国国防法》《中华人民共和国兵役法》等有关法律第三十四条：

现役军人凭有效证件、残疾军人凭《中华人民共和国残疾军人证》（见图 3.1）优先购票乘坐境内运行的火车、轮船、长途公共汽车以及民航班机；残疾军人享受减收正常票价 50% 的优待。

现役军人凭有效证件乘坐市内公共汽车、电车和轨道交通工具享受优待，具体办法由有关城市人民政府规定。残疾军人凭《中华人民共和国残疾军人证》免费乘坐市内公共汽车、电车和轨道交通工具。

第三十五条：现役军人、残疾军人凭有效证件参观游览公园、博物馆、名胜古迹享受优待，具体办法由公园、博物馆、名胜古迹管理单位所在地的县级以上地方人民政府规定。

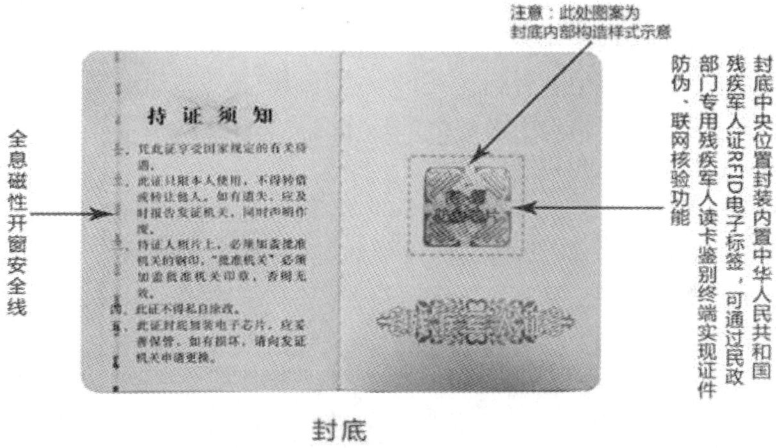


图 3.1　中华人民共和国残疾军人证

“中华人民共和国伤残人民警察证”为深蓝色，采用与上述证件相同的印刷技术，汉语拼音字母为 SCRMJCZ。新证印刷精致，有较强的防伪性。

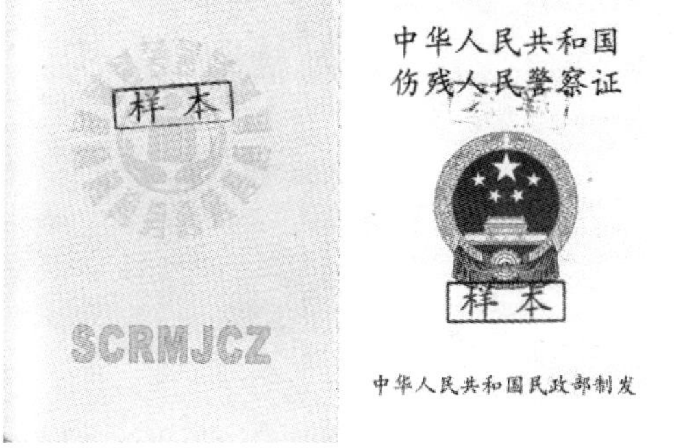


图 3.2　中华人民共和国伤残人民警察证外部

图 3.3　中华人民共和国伤残人民警察证内部

## 八、发售边境地区铁路线站范围内的车票

发售边境地区铁路线站范围内的车票时，应按如下规定进行办理。

我国边境管理区铁路车站有：南乌线的乌伊岭站；富西线的塔南和莲间各站；滨州线皇德和满洲里间各站；集二线的齐哈日格图和二连浩特间各站；朝乌线的上游岭和莫尔道嘎间各站；白阿线五岳沟和伊尔灺间各站；广九线的平湖和深圳间各站；湘桂线的夏石和凭祥间各站；昆河线的南溪至河口间各站；兰新线西段的精河和阿拉山口间各站。

## 九、就团体票的发售

20 人以上乘车日期、车次、到站、座别相同的旅客可作为团体旅客，承运人应优先安排；如填发代用票时除代用票持票本人外，每人另发一张团体旅客证。

2009 年春运铁路规定：团体旅客的退票时间以及一般旅客因不可抗力或者伤、病（有医生证明）等特殊原因不能按票面标明时间、车次乘车的，按《铁路旅客运输规程》的规定进行办理，但因上述特殊情况在开车后两小时内改签的车票不能再办理退票。

## 十、站台票的发售

很多时候，大家可以在电视上看到在火车上送人的情景，然而现实生活中，在检票的时候送行的人是不能进去的，那出现上面的情景是什么情况呢？其实很简单，只需要一张站台票就能解决这种问题。那么什么是站台票呢？

站台票一般分为“送客票”和“接客票”两种，前者为送行用，票面上盖“送客”两字，持票者必须和被送乘客一起，只能从进站的候车室进入站台，不得从其他渠道进站。

后者为接客用，票面上盖“接客”两字，持票者应报出所接车次，并从车站的旅客出口处进入站台（见图 3.4）。

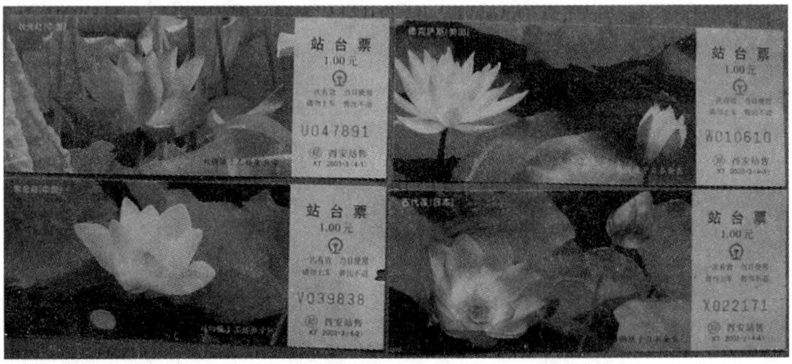


图 3.4　站台票

# 项目三　车票的有效期

## 一、各种车票有效期规定

旅客购票后，应当按车票票面所载明的有效期乘车。应对车票有效期做如下理解。

（1）按票面载明的乘车日期、车次乘车。旅客需提前或改晚乘车时，应于票面载明的开车时间前去到发站办理改签手续。

（2）直达票当日当次有效，中途上下车、未乘区间失效，但全程在铁路运输企业管内运行的动车组列车车票有效期由企业自定，有效期有不同规定的其他票种除外。

（3）通票的有效期按乘车里程计算：1 000 km 为 2 日，超过 1 000 km 的，每增加 1 000 km 增加 1 日，不足 1 000 km 的尾数按 1 日计算；自指定乘车日起至有效期最后一日的 24 时止。

## 二、车票有效期延长

（1）因列车满员、晚点、停运等原因，使搭客在规定的有效期内不能到达到站时，车站可视实际需要延长车票的有效期。延长日数从客票有效期终了的次日起计算。

（2）搭客因病，在客票有效期内，出具医疗单位证实或经车站证实时，可按医疗日数延长有效期，但最多不能跨越 10 天，针对卧铺票的乘客不解决延长有效期的要求，可解决退票手续，同业人同样解决。

## 三、误售、误购、误乘有效期计算

发生误售、误购车票或者误乘车、坐过车站等情况时，旅客应及时向车站、列车工作人员提出。在列车上，列车长经确认后，开具客运记录将旅客交至前方停车站，由车站为旅客办理换乘或者免费送回的业务。因此导致旅客在原通票有效期内不能到达到站的，应根据折返站至正当到站间里程，重新计算通票有效期。免费送回时，旅客不得中途下车；否则，针对往返乘车区间要补收票价，核收手续费。

# 项目四　乘车条件

## 一、旅客乘车基本条件

《铁路旅客须知》对旅客乘车有明确规定，具体如下。

（1）为了确保铁路运输和旅客人身的安全，严禁夹带危险品乘车，或作为行李、包裹托运。危险品的种类很多，凡是容易爆炸、燃烧、有毒以及有腐蚀性的物品都包括在内。如火油、汽油、酒精、鞭炮、雷管、导火线等，都不能带上车。

（2）为了维护国家法令和运输秩序，凡是政府法令限制运输的物品和妨碍公共卫生的物品、动物以及可能损坏、污染车辆的物品，都不能带入车内。

（3）携带工业品、日用商品，按有关部门的规定进行办理，如有不符合规定者，由有关部门进行处理。

（4）自觉遵守铁路法和运输规则，儿童 10 kg，外交人员 35 kg，其他旅客随身携带物品不得超过 20 kg，长、宽、高相加总和最大不得超过 160 cm；乘坐旅游双层客车时，长、宽、高相加的总和不得超过 80 cm，扁担、箩筐一律不准上车。超过限制的物品，要按行李、包裹办理托运。

（5）身高 1.2～1.5 m 的儿童乘车时，应随同大人购买座别相同的儿童孩减价票，即享受半价客票、加快票和空调票（简称儿童票）。

## 二、车票中途失效

持通票的旅客在乘车途中有效期终了，要求继续乘车时，应自有效期终了站或最近停车站起，另行补票，核收手续费。定期票可按有效期使用至到站。

## 三、乘坐卧铺的规定

卧铺车票须由列车员保管，换发给乘客卧铺证，下车以前再交换，卧铺只能由持票本人使用，不可与其他人轮流使用，成人带儿童的可共用一个卧铺，旅客要配合列车员保持卧铺车厢的良好秩序。

## 四、高票价车厢管理

除特殊情况并经列车长同意的外，持低票价席别车票的旅客不能在高票价席别的车厢停留。

## 五、非正常旅客乘车限制

车站发现无人护送的精神病旅客，应严禁其乘车。对于有人护送的，应通知列车长，协助护送人员以防止意外发生。2、车站对从列车上交下的无人护送的精神病旅客，由车站客运、公安共同负责，妥善处理，如需继续乘车时，送至第一个换车站，由换车站继续转送。

针对烈性传染病患者、精神病患者等健康状况危及他人安全的旅客，运输部门可以拒绝运送，并对其未使用的车票部分按规定办理退票手续。

# 项目五　旅行变更

## 一、改签的时间规定

开车前 48 h（不含）以上，可改签预售期内的其他列车；开车前 48 h 以内，可改签开车前的其他列车，也可改签开车后至票面日期当日 24:00 之间的其他列车，不办理票面日期次日及以后的改签；开车之后，旅客仍可改签当日的其他列车，但只能在票面发站办理改签。

## 二、改签的操作规定

自 2015 年 6 月 10 日起，旅客购买火车票后，如需调整行程，变更新的目的地，在车票预售期内、开车前 48 小时以上到车站售票窗口或 12306 网站变更新的到站即可，无须将原车票退票后再另购新车票。改签变更到站时无需退票另购，不收手续费。

（1）在原车票开车前 48 小时以上，旅客可任意选择有余票的列车。已取得纸质车票的，可在车站指定售票窗口办理改签；未换取纸质车票的，可在 12306 网站直接办理。

（2）办理“变更到站”不收取手续费。

（3）“变更到站”只办理一次。已经办理“变更到站”的车票，不再办理改签。对已改签车票、团体票及通票的，暂不提供此项服务。

（4）办理“变更到站”时，新车票票价高于原车票的，补收差额；新车票票价低于原车票的，退还差额，对差额部分核收退票费并执行现行退票费标准。

（5）办理“车票改签”时（即到站不变），新车票票价高于原车票的，补收差额；新车票票价低于原车票的，退还差额，同样对差额部分核收退票费并执行现行退票费标准。

## 三、改签的票价差额规定

如果旅客购买原车票时使用的是现金，当改签后的新车票票价高于原车票时，需向旅客补收差额。当新车票票价低于原车票时，会向旅客退还差额，均通过收付现金的形式完成。

如果旅客购买原车票时是在铁路售票窗口使用银行卡购买的，或是在铁路 12306 网站使用在线支付工具购买的，当新车票票价高于原车票时，需要使用银行卡或在线支付工具支付新车票的全额票款，原车票的票款会在规定时间内被退回到原购票时所使用的银行卡或在线支付工具。当新车票的票价低于原车票时，会向旅客退还差额，并对差额部分核收退票费并执行现行退票费标准，应退票款会在规定时间内被退回原购票时所使用的银行卡或在线支付工具中。

## 四、承运人责任的变更

因铁路责任使旅客不能按票面记载的日期、车次、座别、卧别乘车时，站、车应重新妥善安排。重新安排的列车、座席、铺位高于原票等级的，超过部分票价不予补收；低于原票的，退还票价差额，不收退票费。

## 五、变径的规定

持通票的旅客在中转站和列车上要求变更径路时，必须在通票有效期内能够到达到站时才可办理。办理时，原票价低于变径后的票价时，应补收新旧径路里程票价差额，核收手续费；原票价高于或等于变更后的径路票价时，持原票乘车有效，差额部分（包括列车等级不符的差额）不予退还。

## 六、越站的规定

旅客在车票到站前要求越过到站继续乘车时，在有运输能力的情况下，列车应予办理，并核收越站区间的票价和手续费

## 七、分乘的规定

两名以上旅客共持一张代用票要求办理分票手续时，站、车应予以办理。办理时按分票的张数核收手续费。

## 八、改签办法的调整

必要时，铁路运输企业可以临时调整改签方法。

# 项目六　误售、误购车票的处理

因站名相似或口音不同发生车票误售、误购时，在发站换发新票。在中途站、原票到站或列车内补收票款时，换发代用票，补收标价差额。应退还票款时，站、车应编制客运纪录交旅客，作为乘车至正当到站要求退还标价差额的凭证，并以最方便的列车将旅客运送至正当到站，均不收取手续费或退票费。

# 项目七　丢失车票的处理

旅客在乘车前丢失火车票时，首先应该积极寻找，如果记得所购车票的票号，最好到车站退票窗口挂失，万一有人拾到后来此退票，工作人员应将车票扣下，交公安部门审理后发还给遗失旅客。如果丢失车票者已无力再购买车票，可到当地民政部门说明情况，请求帮助。

在列车上发现丢失车票，要从丢失站起另补全程车票；如果不能判明丢失站，从最近后方营业站起补票；如果不能判明是否为丢失车票的情况时，按无票旅客处理，从列车始发站补起。

丢失车票重补车票后又找到自己原来车票的，要立即向列车长说明。在确信无疑后，由列车长开具证明交给旅客，到旅客下车站连同原票交车站售票窗口，办理补车票票价手续，收取退票费。为了防止丢失车票，乘车人一定要妥善保管车票，和钱款分放，以免票钱双双丢失。

如旅客在乘车前丢失实名制车票，可到车站售票窗口办理实名制车票补票手续。

# 项目八　退票规定

## 一、旅客的退票规定

（1）旅客要求退票时，应当在票面指定的开车时间前到车站办理，退还全部票价，核收退票费。特殊情况经购票地车站或票面乘车站站长同意的，可在开车后 2 小时内办理。团体旅客不应晚于开车前 48 h。原票使用现金购票的，以现金的形式退还应退票款。原票使用银行卡购票（含在 12306.cn 网站购票）的，应退票款按发卡银行规定退回原购票时所使用的银行卡中。

（2）旅客开始旅行后不能退票。但因伤、病不能继续旅行时，凭列车开具的客运记录，可通过已收票价与已乘区间票价的差额，核收退票费；已乘区间不足起码里程时，按起码里程计算；同行人同样办理。

（3）退还带有“行”字戳迹的车票时，应先办理行李变更手续。

（4）因特殊情况经购票地车站或票面乘车站站长同意在开车后 2 小时内改签的车票不退。

站台票售出不退。

以下是互联网退票的相关内容。

（1）没有换取纸质车票且不晚于开车前 2 小时的，可以在 12306.cn 网站办理。

（2）开车前 2 小时内的退票手续只能在车站到安装有银行 POS 机的售票窗口办理。

（3）已经换取纸质车票的按纸质车票在车站售票窗口退票的方式同样办理。

（4）使用二代居民身份证购票且持二代居民身份证办理进站检票手续后，未乘车即出站的经车站确认后按规定办理。

（5）因伤、病或者承运人责任中途下车的凭列车长出具的客运记录在下车站按规定进行办理。

### 二、因承运人责任致使旅客退票的规定

因承运人责任致使旅客退票时按下列规定办理，不收退票费。

（1）在发站，退还全部票价。

（2）在中途站，退还已收票价与已乘区间票价的差额，已乘区间不足起码里程时，退还全部票价。

（3）在到站，退还已收票价与已使用部分票价的差额。未使用部分不足起码里程的按起码里程计算。

### 三、发生路线中断时的退票规定

在发站（包括中断运输站返回发站的）退还全部票价，在中途站退还已收票价与已乘区间票价差额时，不收退票费，但有因违章加收部分和已使用至到站的车票不退。

### 四、退票时起码里程计算规定

计算票价时，按客、快、卧起码里程分别计算。旅客需报销退票费时，应开具退票费报销凭证。

### 五、动车组列车中途站退票计算

（1）因承运人责任致使旅客退票的，需要退还车票价与已使用部分票价的差额，未使用部分不足起码里程的按起码里程计算；

（2）旅客在乘车途中因伤病不能继续乘车的，要退还车票价与已使用部分票价的差额，未使用部分不足起码里程的按起码里程计算，同行人同样办理。

（3）应退票款=原票价-（原票价÷原票里程×已乘区间里程）

## 项目九　线路中断时对旅客的安排

线路中断，旅客可以要求在原地等候通车、返回发站、中途站退票或按照承运人的安排

绕道旅行。

停止运行的站或列车应在旅客车票背面注明原因、日期、返回××站并加盖站名章或列车长名章，作为旅客免费返回发站、中途站办理退票、换车或延长有效期的凭证。

旅客持票等候通车后继续旅行时，可凭原票在通车 10 日内恢复旅行。车站应予办理签证手续，通票还应根据旅客候车日数延长车票有效期。卧铺票应办理退票。

铁路组织原列车绕道运输时，旅客原票不补不退，但中途下车即行失效。旅客自行绕道按变径办理。

线路中断后，旅客买票绕道乘车时，按实际径路计算票价。

# 模块四
# 特定运输

## 项目一　包车

### 一、包车的含义

凡旅客要求单独使用加挂车辆或加开专用列车时的叫包车，包车运输是一种相对特殊的旅客运输方式。包车单位应事先和乘车站或上级主管部门联系，同时提交全程的路程单，经协商同意后，签订合同，交付定金，办理包车手续。

包车和团体旅客是有区别的，包车是指旅客单独使用的加挂车辆或加开专用列车，它的加挂必须是在不影响原列车的编组和票额计划的前提下才能办理的。包车是不允许包用旅客以外的其他旅客乘坐的，铁路也不能强行组织。

### 二、包车合同

（1）要求单独使用加挂车辆或加开专用列车的包车人，一般应于开车前 1 5 日向乘车站或其上级主管部门联系，要求单独使用专用列车时应于开车前 30 日向乘车站或其上级主管部门联系，并提交全程路程单。

（2）经铁路与包车人协商同意，包车人应与铁路签订包车合同。包车合同主要载明以下内容：

① 包车人、承运人的名称、地址、联系人姓名、电话；

② 包用车辆种类、数量；

③ 发站和到站站名；

④ 时间；

⑤ 包车运输费用；

⑥ 违约责任；

⑦ 双方商定的其他事项；

（3）签订包车合同的同时，包车人应缴付定金。

三、包车变更

包车单位在未交付运费前取消用车计划时，定金不退。交付运费后取消用车计划时，应核收因调用车辆产生的空驶区间空驶费和停止使用费。应核收的空驶费和停止使用费均填写“客杂”。

包车单位在中途站请求变更到站、延长或缩短使用时，由中途变更站报请上级批准后，核收变更到站产生的已收和应收运费差额或延长使用区间的运输费用。缩短使用时，已收费用不退。

# 项目二　旅游专列

## 一、开行条件

（1）两个以上单位同时包用一列旅游列车时，应当由一个单位牵头作为包车人。

（2）开行旅游列车应当在图定旅游列车运行线中选择，不得开行图外旅游列车。

（3）旅游列车开行计划应当提前两个月提报，跨局旅游列车的开行由铁路总公司批准。

（4）开行跨局旅游列车的，载客车辆不少于 14 辆；经过限制区段的，载客车辆数为限制牵引量数减 3 辆；宿营车只能使用 1 辆。

## 二、运输管理

包用普通旅游专列（载客车辆为硬座、硬卧，如混挂软座、软卧时，软座、卧软不超过载客车辆三分之一）时，票价按不低于标记定员 90%进行核收。编组中软座、软卧辆数超过三分之一时，按全列标记定员核收票价。

产生空驶和编挂 1 辆餐车时，不收空驶费和餐车使用费。编挂餐车超过 1 辆时，超过的辆数核收餐车使用费。

使用全列新型空调车时，票价可在规定的上浮幅度内浮动。

旅游专列的旅游团体在享受折扣优惠票价的同时，还可以按实际乘车人数享受 20 人中免费 1 人，超过 20 人每增加 10 人免费 1 人的优惠待遇。

铁路局可在此范围内自行掌握上述优惠条件。

# 项目三　军事运输

## 一、铁路军事运输的地位和作用

铁路军事运输是指军队利用铁路列车输送人员和物资的运输。是军事运输的一种方式。铁路运输具有运量大、运距远、速度快、成本低、受天候影响小等特点，是战略、战役后方实施军事运输的主要手段。

## 二、军事运输等级

根据任务性质和装备物资性能，铁路军事运输依次分为特殊、重点和一般三个运输等级。

## 三、军运付费方式

实行“后付”和“现付”两种付费方式。

## 四、军运票据

如图 4.1 和图 4.2 所示。

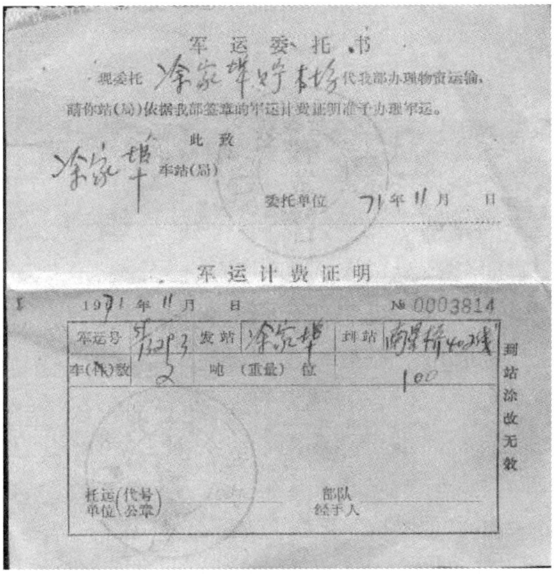
军运委托书

现委托　　　　代我部办理物资运输，请你站(局)依据我部签章的军运计费证明准予办理军运。

此致

车站(局)

委托单位　71 年 11 月　日

军运计费证明

1971 年 11 月　日　№ 0003814

| 军运号 | | 发站 | | 到站 | |
|---|---|---|---|---|---|
| 车(保)数 | 2 | 吨（重量）位 | 100 | | |

托运单位（代号公章）　部队经手人

到站涂改无效

图 4.1

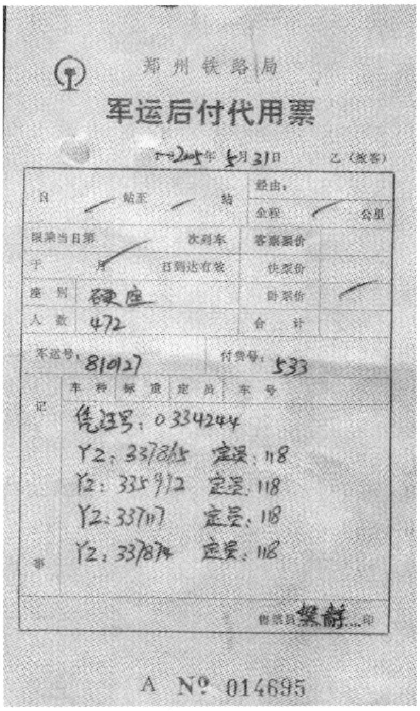
郑州铁路局

军运后付代用票

2005 年 5 月 31 日　乙（旅客）

| | | |
|---|---|---|
| 自　站至　站 | 经由： | |
| | 全程 | 公里 |
| 限乘当日第　次列车 | 客票票价 | |
| 于　月　日到达有效 | 快票价 | |
| 座别　硬座 | 卧票价 | |
| 人数　472 | 合计 | |
| 军运号：810127 | 付费号：533 | |

记事：车种　标重　定员　车号

凭证号：0334244

YZ：337815　定员：118

YZ：335912　定员：118

YZ：337117　定员：118

YZ：337874　定员：118

售票员　　印

A №014695

图 4.2

## 五、新老兵运输

### （一）新老兵运输的组织原则

遵循集中领导、归口管理、分级负责、统筹计划、优先安排、方便部队的原则。

### （二）新老兵运输期限

在全国新兵运输开始前的40天，各铁路局要根据驻铁路局军代处提出的概略运输计划和运输要求，协助编制新兵初步运输方案，做好运输的前期准备工作。

### （三）新老兵运输方式

1. 选用旅客列车

选用出局的旅客列车时，尽量选用能直接到达的列车，以减少中转；必须中转时，要注意车次的衔接。为方便部队，在保证安全、不影响铁路局分界口交出时分的前提下，可以组织新老兵在旅客列车不停车的车站乘降，铁路局管内的列车经铁路局批准；直通列车经铁路总公司批准，但每列车的临时停车最多不得超过两次。凡被选用成为运送新兵的列车，在使用区段内各站一律停售硬席客票，软卧仍按原票额分配计划执行。仅选用硬座的旅客列车，软、硬卧仍按原票额分配计划执行。旅客列车中凡有一辆硬卧代用硬座时，将该列车沿途各站的硬卧票额取消，其余硬卧票额由始发站发售。旅客列车凡全列被选用时，编组中硬卧全部代用硬座，始发和沿途各站的票额全部取消，原规定了解详情的机车乘务员便乘铺位改在宿营车安排。卧代用硬座时，严禁车站和列车将上、中铺发售给其他旅客。通勤职工、通学学生准乘运送新兵的列车，但不准与新兵争座席。

2. 在旅客列车中预留车厢

对于不足以组织整列运输，又不便零星购票的新兵，由铁路局和驻局军代处商定，应在旅客列车中预留车厢运送。需要预留外局始发列车车厢时，要事先与始发局商定，并报经铁路总公司批准。

3. 有计划购买客票

老兵和零散新兵原则上采取购买客票、分散运输的方法。在新老兵运输前，驻军较多、运量较大的车站新老兵运输办公室要主动召集当地驻军进行协商，根据运输期限和人员去向的情况，统筹安排，均衡运送。按单位划片，定时间、定车次，纳入旅客运输计划。老兵乘车不宜集中同一车厢，特别是不同部队的老兵要尽量分车厢安排。保证优先售票，有条件的车站，应派人到部队驻地预售车票。

4. 加开列车各局在情况需要时的应急手段

可利用临客运行线组织加开临客整列运送新兵，所编列车不得少于15辆，其中配行李车、宿营车、餐车、隔离车各1辆，并按规定配茶炉车和广播车，同时要保证供电、供暖。在管内也可以使用客车底开行军列输送。

# 项目四　路内运输

## 一、铁路乘车证的种类和式样

铁路乘车证共有9种，均为单页。各种全年定期乘车证（除就医外）统一为横版，其他乘车证均为竖版。版面颜色分为三种，其中：软席全年定期、软席乘车证为浅粉色，硬席全年定期、临时定期、硬席乘车证和便乘证为浅蓝色，通勤、就医、探亲乘车证为浅黄色，具体见图 4.3 ~ 4.7。

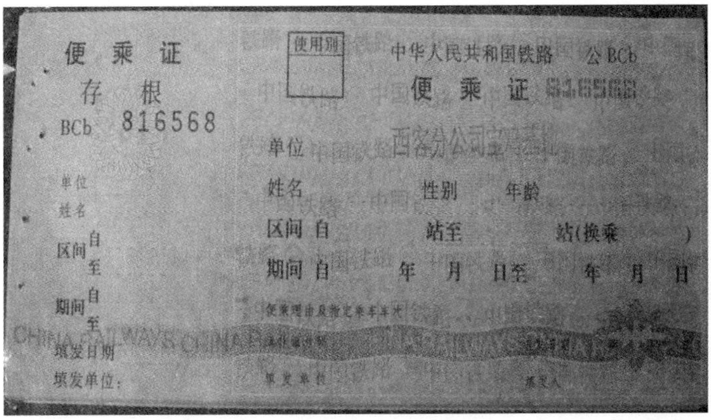


图 4.3

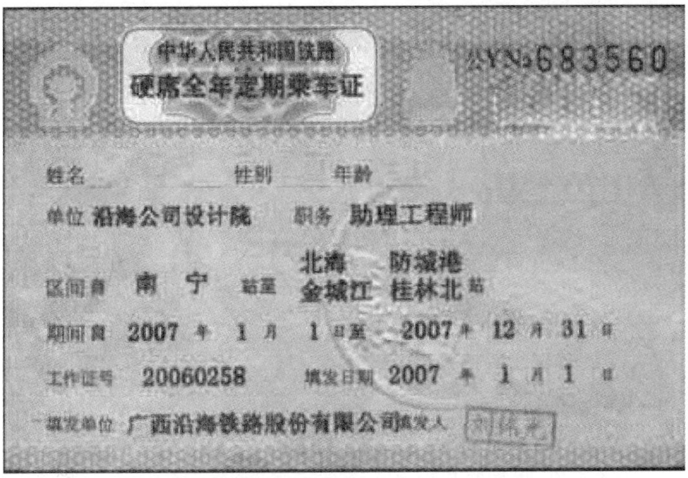


图 4.4

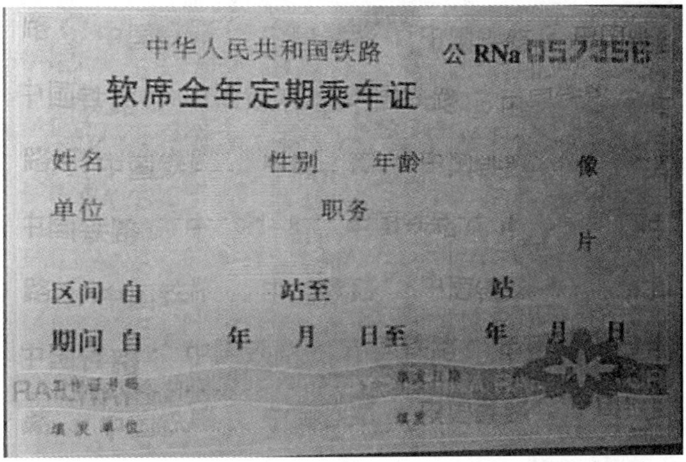


图 4.5

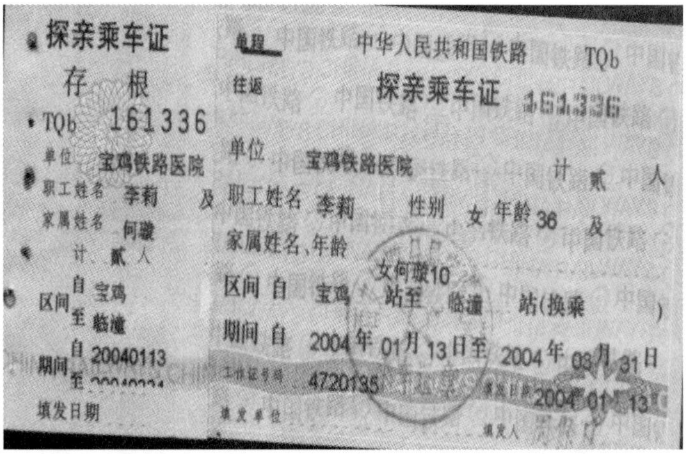


图 4.6

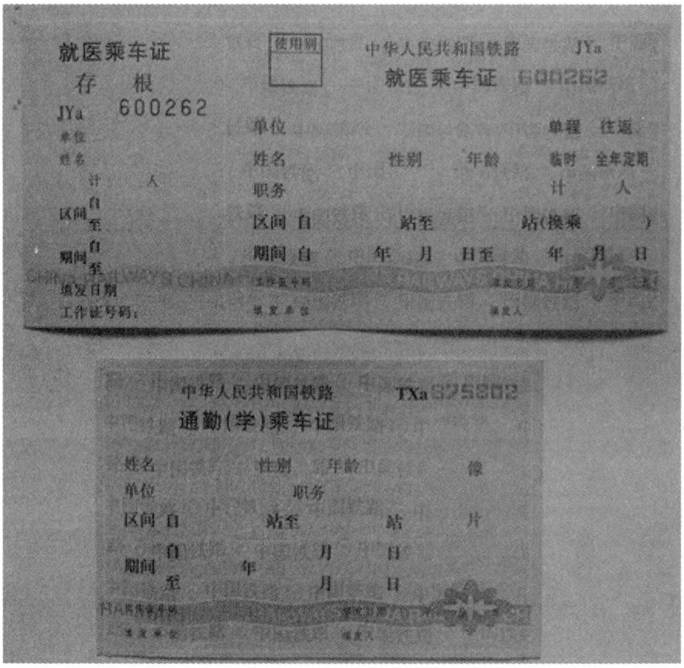


图 4.7

## 二、乘车证的使用范围

### (一)定期通勤乘车证

符合享受一年一次探亲待遇条件的职工，其工作地至家属居住地在 60 km 以内，能利用节假日或休班时间回家的，在不享受国家规定的探亲假的前提下，可填发定期通勤乘车证，有效期间为一个历年。

### (二)通勤乘车证

职工工作地至家属居住地在 300 km 以内的，上下班有适当列车可乘，不影响出勤、工作和休息的，需通勤时，可使用通勤乘车证，有效期间为一个历年。

### （三）通学乘车证

（1）沿线职工供养的子女，由居住地至中小学校在 50 km 以内，需要乘车通学时，可使用通学乘车证。

（2）当地有同等学校，原则上应就地入学，但按招生计划考入外地的，居住地至学校在 200 km 以内的可使用通学乘车证。

## 三、路外人员使用乘车证的规定

驻铁路局、铁路分局、车站军代处军事代表因公外出乘车时，可由驻地铁路局、铁路分局填发乘车证。副师职及其以上的领导干部（不受年龄限制）可填发软席。其他人员一律填发硬席。

## 四、违章使用乘车证的处理

违章使用乘车证均要按所乘列车的等级、席别、铺别、区间（单程或往返）及票面填写人数加倍补收票款，下列乘车证还应按票面记载的席别、区间，按照下列计算方法加收罚款。

（1）定期通勤乘车证，按票面填写乘车区间、自有效月份起至发现违章月份止，按每月一次往返的里程计算.

（2）全年定期乘车证、临时定期乘车证、通勤（学）乘车证，从有效日期（过期的从有效期终了的次日）至发现违章日期止，票面填写的乘车区间在一个铁路局以内的，按每日乘车 50 公里计算票价；乘车区间跨铁路局的，按每日乘车 100 km 计算票价，计算后低于 50 元的按 50 元核收。

（3）发现其他违章行为的，均按《客规》的规定进行相应处理。

# 模块五
# 走进计算机售票

## 项目一　认识学生票识别仪器

很多学生购买火车票都有学生优惠卡，乘坐火车可以享受打折优惠，学生票优惠卡识别器是专门为学生乘坐火车使用优惠卡提供的工具，需要输入具体的学生信息，包括：班级，代码，学号，姓名，学制，入学时间，家庭住址等等。

下面，让我们一起来走进认识学生票识别仪器。

### 任务 1　识别器的简易操作方法

专业技术人员成功安装识别器之后，售票人员每天只需要开机、关机即可，一般不需要进行其他操作，正常开机之后识别器液晶屏将显示“请放卡…”，如图 5.1 所示。

打开电源开关后，识别器将进行自检，自检完成后，按【清除】键，液晶屏将显示操作主菜单：购票、退票、联机，可以通过“↑”“↓”键和“确认”键进入相应的功能。

图 5.1

### 任务 2　使用识别器进行购票

#### 一、手动购票

在主菜单中进入到“购票”功能，然后把已经粘贴好优惠卡的学生证放置在识别器的感应区，液晶屏将显示“已购票×，可购票×”等信息，如果优惠卡中已经写入了学生的乘车信息，此时液晶屏还将显示出相关信息，按【确认】按钮，液晶屏显示“是否扣次数？”再次按【确认】键，完成购票（规定可购票次数最多为 4 次，如果可购票次数已经为 0，则不能再进行购票。需到学校充值之后才能再使用）。

## 二、联机购票

利用软件在出售学生票的同时，自动扣减优惠卡中的可购票次数。在主菜单中进入到“联机”功能即可进行购票；售票软件在出售学生票的同时，自动扣减优惠卡中的可购票次数。学生优惠卡如图 5.2 所示。

学生优惠卡正面(横式)　学生优惠卡正面(竖式)　学生优惠卡背面

图 5.2

# 项目二　关于实名制售票

火车票实名制是指乘客在购买火车票和乘坐火车时，需要登记、核查个人的真实姓名和身份的一种制度。自 2010 年开始试行火车票实名制。2011 年 6 月 1 日，动车组开始实行火车票实名制。2012 年元旦起，全国所有旅客列车实行车票实名制。而从 2012 年 5 月 10 日起，实名制的火车票如果丢失可以挂失补办。

## 任务 1　实名制车票售票实施细则

简单地说，火车票实名制就是旅客凭有效身份证件购买火车票。旅客在中国各火车站购买在试行实名制车站上车的异地、联程等车票也需要凭有效身份证件，免费乘车的乘客及持儿童票的儿童不试行实名制。

有三个渠道可购买实名制火车票：火车站窗口购票、代售点购票、电话订票购票。与原购票流程相比，实名制购票增加了身份信息识别及录入的程序。旅客在车站窗口和代售点购票时，需出示有效身份证件，报需要购买车票的日期、车次、发站、到站以及席位。火车票代售点仅受理二代居民身份证的购票业务。

# 任务2　证件类型

表 5.1

<table>
<tr><td colspan="2">实名制购票所需提供的有效身份证件</td></tr>
<tr><td>购票方式</td><td>所需证件类型</td></tr>
<tr><td>车站窗口购票</td><td>居民身份证、临时身份证、户口簿、机动车驾驶证、中国人民解放军军人保障卡、军官证、武警警官证、士兵证、军队学员证、军队文职干部证、军队离退休干部证、护照、港澳居民来往内地通行证、中华人民共和国来往港澳通行证、台湾居民来往大陆通行证、大陆居民来往台湾通行证、外国人居留证、外国人出入境证、外交官证、领事馆证、海员证、外交部开具的外国人身份证明、铁路公安部门填发的乘坐旅客列车临时身份证明（简称“临时身份证明”）<br>此外，1.5 m 以上 16 岁以下未成年人有效身份证件还包括学生证</td></tr>
<tr><td>互联网购票</td><td>中华人民共和国居民身份证、港澳居民来往内地通行证、台湾居民来往大陆通行证、护照<br>注 1：每日 5:00—24:00 提供购票服务、<br>注 2：一张有效身份证件同一乘车日期同一车次只能购买一张车票（但使用同行成年人的有效身份证件信息购买儿童票的除外）。<br>注 3：同一笔订单可购买的车票数量不超过 5 张。</td></tr>
<tr><td>电话订票</td><td>中华人民共和国居民身份证（含一/二代）、港澳居民来往内地通行证、台湾居民来往大陆通行证、护照<br>注 1：凭订票时使用的证件、订票单号及实际乘车人的有效证件，至就近的车站或车票代售点窗口进行取票。<br>注 2：取学生票时还应出示符合规定的学生减价优惠凭证（附学生优惠卡）；取儿童票时不须出示实际乘车人的有效证件；取伤残军人（警察）票时应携带符合规定的减价优待凭证，至车站售票窗口办理取票。<br>注 3：在代售点取票要收取 5 元/张的客票销售服务费。</td></tr>
<tr><td>代售点订票</td><td>仅受理二代居民身份证的购票</td></tr>
<tr><td colspan="2">临时制证须符合下列条件之一<br>1. 出具所在地公安机关的户籍证明信；<br>2. 学生旅客出具所在学校的证明信；<br>3. 中国人民解放军、武警部队现役军人持所在部队出具的证明信；<br>4. 外籍旅客持当地使领事馆出具的证明信；<br>5. 凭其他有效证件购买车票的旅客持发证部门出具的证明信；<br>6. 通过其他方式能够证明本人身份的；<br>注：证明信内容必须包括旅客姓名、性别、出生年月、籍贯、有效身份证件号码等信息，并加盖证明单位公章。</td></tr>
</table>

如表 5.1 所示，实名制购票可以使用的证件类型包括：

居民身份证、港澳居民来往内地通行证、台湾÷民来往大陆通行证、按规定可使用的有效护照等。订票时须凭订票人身份证件（原件）、订单号及实际乘车人身份证件（原件或复印件）。

# 任务 3　售票操作方法

## 一、取票

取票分为人工售票窗口取票以及取票机自助取票两种。

## 二、制票

印制实名制车票时系统会自动弹出“证件信息录入窗口”。

图 5.3

## 三、证件信息录入

1. 证件类型（F1）

默认“二代居民身份证”类型，其他证件类型通过下拉框选择或输入证件类型简码。

2. 证件号码（F2）

对于持二代身份证购票的旅客，将身份证放置在识读设备上，按下 F7 获取证件号和姓名。对于其他有效身份证件的旅客，按 F2 后，输入证件号码，无须输入旅客姓名。

3. 确认（F4）

待旅客核对完身份信息后，按 F4 确认制票。

## 四、同一证件按售票规则不允许购票的情况

如果同一证件按售票规则不允许购票，则系统提示“证件已购票，不能再次购票”。

## 五、办理通票、中转签证和中途下车签证时的操作

办理通票、中转签证和中途下车签证时，取票后的操作同上。

# 任务4　退票及其操作方法的认识

办理实名制车票退票时，要核对票、证的一致性，不一致的不予退票，流程见图5.4。

实名制火车票退票流程图

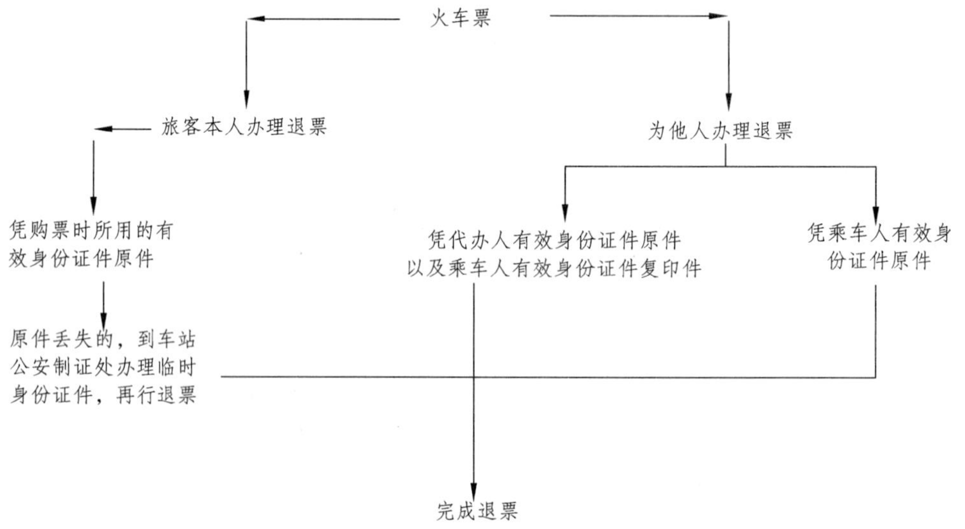


图5.4

## 一、还原票面

还原票面信息，红色突显证件姓名和证件号码。

## 二、核对票证一致性

对于实名制车票，系统自动弹出“证件信息录入窗口”，录入方式比照售票。确认后，系统自动核对原票与录入证件信息的一致性。若一致，继续办理退票；否则提示“票证不符，不予办理退票！”的字样。

# 任务5　挂失补办

从2012年5月10日起，实名制火车票如果丢失，可以挂失补办了。

## 一、挂失补办手续

实名制车票丢失后挂失补办的措施主要是：旅客购买实名制车票后如丢失车票，在不晚于车票票面发站停止检票时间前20 min，可到车站售票窗口办理挂失补办手续。旅客办理挂失补办手续，应提供购票时所使用的有效身份证件原件、原车票乘车日期和购票地名称。

挂失补办的具体操作见图 5.5。

第一步，车票不慎丢失后，旅客要前往车站指定的窗口。车站工作人员在确认旅客身份、车票等信息准确无误后，旅客要根据原车票车次、席位、票价重新购买一张新车票，并且新车票票面注有“挂失补”字样。

第二步，新车票发售后，原票失效。

第三步，持新车票乘车时，旅客应该向列车上的工作人员声明。到站前，列车长在确认该席位使用正常后，会开具客运记录交给乘车旅客，作为其到站退票的凭证。

第四步，旅客在到站后的 24 小时内，凭客运记录、新车票和购票时所使用的有效身份证件原件，前往退票窗口办理新车票退票手续，但要按照规定收取补票的手续费。

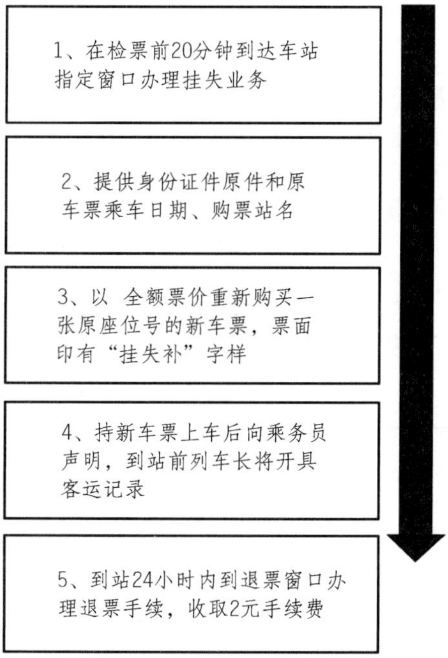


图 5.5

### （一）实名制车票办理挂失补办的条件

旅客购票后丢失车票的，符合以下条件的，可到车站指定售票窗口办理挂失补办手续。

（1）旅客提供购票时所使用的有效身份证件，原车票乘车日期、购票地车站名称。

（2）车票：挂失补办。

注意一定不晚于票面发站停止检票时间前 20 min。

发生以下情形的，不办理挂失补办手续：（1）超过规定时间提出的；（2）原车票已经退票的。（3）已经挂失补办的.操作流程如图 5.6 所示。

① 查询原票。当旅客来车站指定窗口办理实名制车票挂失补办手续时，售票员应提示旅客出示购票时所使用的有效身份证件、原车票乘车日期和购票地车站名称等信息，并在售票程序中选择“实名制车票挂失”界面，输入相应的证件类型、证件号码、乘车日期、车次、购票城市等信息后，点击【查询】键进行原票查询。

旅客如不能提供购票时所使用的有效身份证件原件，售票员应提示旅客到车站铁路公安制证点办理临时身份证，然后凭临时身份证、原车票乘车日期、购票地车站名称，并通过与客票系统所调取的信息进行比对，核实旅客身份、车票等信息。

遇客票系统调取的信息与旅客证件信息不符的，将不予以办理实名制车票挂失补办手续。

实名制火车票挂失补办流程

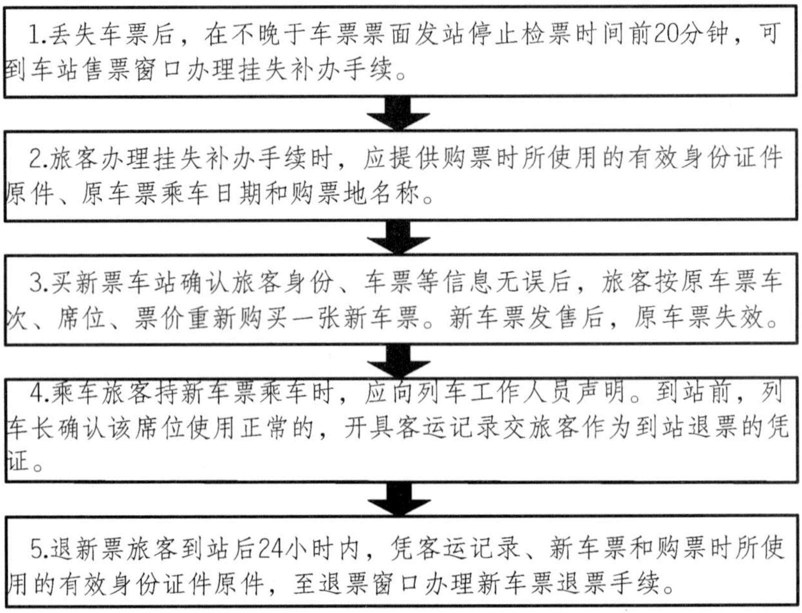


图 5.6　实名制车票挂失补办的操作流程

② 核实身份。售票员应认真核对旅客有效身份证件、原车票乘车日期和购票地的车站名称，并通过与客票系统所调取的信息进行比对，核实旅客身份、车票等信息。

遇客票系统调取的信息与旅客证件信息不符的，将不予以办理实名制车票挂失补办手续。

③ 记录信息。完成旅客身份证信息核实后，售票员应在“实名制车票挂失补办登记薄”上记录旅客的有效身份证件名称、号码、乘车日期和购票地车站等信息，并告知当班班长，经班长签字确认后方可办理。

④ 发售新票。

窗口售票员要按照旅客原车票、车次、席位、票价重新为旅客购买一张新的车票，新票票面二维码上方标记“挂失补”字样。如原票已经改签的，按改签后的车次、席位、票价办理挂失补办手续。

新票发售后，原车票将失效，同时售票员应提示旅客重新发售新票不能办理改签，只能退票。

⑤ 提醒事宜。售票员把新票交付旅客要提示旅客持新票乘车时，应向列车工作人员提前声明办理实名制车票挂失补办手续，手续如图 5.6 所示。

售票员应提醒办理新票的旅客，到站后 24 h 内可凭车长开具的客运记录、新票和购票时所使用的有效身份证件原件，至到站退票窗口办理新车票退票手续，并按规定核收补票的手续费。

## 三、购买新票

车站确认旅客身份、车票等信息无误后，旅客按原车票车次、席位、票价重新购买一张新车票。新车票发售后，原车票失效。补办车票要收 2 元的手续费。

## 四、新票乘车

旅客持新车票乘车时，应向列车工作人员声明。到站前，列车长确认该席位使用正常时，开具客运记录交旅客作为到站退票的凭证。旅客到站后 24 h 内，凭客运记录、新车票和购票时所使用的有效身份证件原件，至退票窗口办理新车票退票手续。这种挂失补办的新车票退票，将按原价退票，不会收取 5%的退票费。铁路部门提示，为规范旅客实名制购票乘车的秩序，在验票过程中，发现票、证、人不一致的情况后，按无票处理。旅客应凭证购票，妥善保管车票，持本人身份证件原件进站乘车，不要购买他人的车票，以免上当受骗，影响出行，造成不必要的损失。

# 项目三　如何在互联网售票

购票流程如图 5.7 所示。

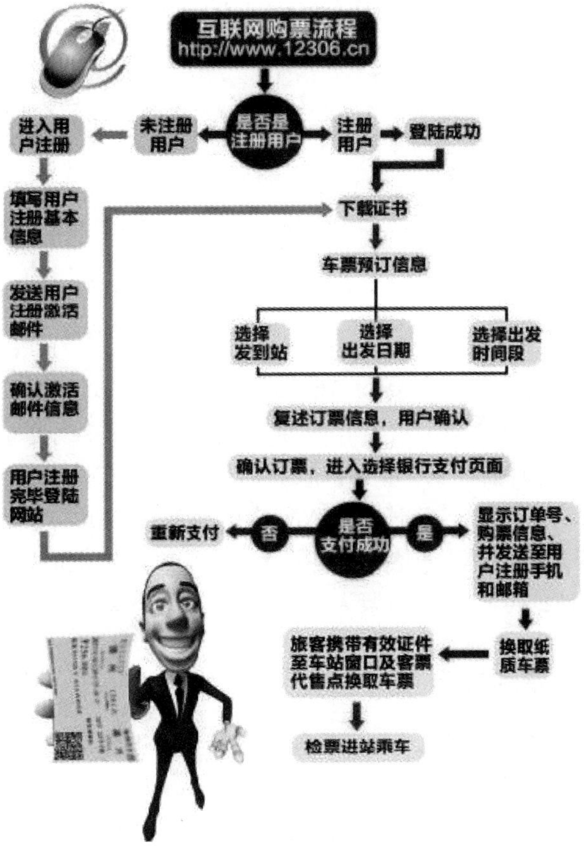


图 5.7

## 一、互联网售票的基本规定

（1）铁路互联网售票室通过 12306.cn 网站销售铁路电子客票和开展改签、退票等业务。

（2）铁路电子客票是以电子数据形式体现的铁路旅客运输合同，与纸质车票具有同等的法律效力。

（3）旅客在 12306.cn 网站购买铁路电子客票时，以确认交易成功的时间作为铁路旅客运输合同生效的时间，退票时，以网站确认交易成功的时间作为铁路旅客运输合同终止的时间，改签按照退票购票的流程进行处理。

（4）旅客或购票人应当记住和妥善保管铁路电子客票信息及购票时所使用的有效身份证件。

## 二、售票规定

在 12306.cn 网站购票后，可凭购票时所使用的乘车人有效身份证件原件到车站售票窗口办理换票、改签、退票等手续；铁路客票代售点受理二代居民身份证换票业务，但铁路局授权可受理其他有效身份证件的铁路客票代售点除外。

（1）在 12306.cn 网站购买铁路电子客票时，应当注册并准确提供乘车人的有效身份证件信息。

（2）在 12306.cn 网站购票可使用的有效身份证件包括：① 中华人民共和国居民身份证；② 港澳居民来往内地通行证；③ 台湾居民来往大陆通行证；④ 护照。

（3）在 12306.cn 网站购买学生票、残疾军人票时，应符合规定的减价优惠（待）条件。学生证应附有“学生火车票优惠卡”。

（4）购买儿童票的乘车儿童没有办理有效身份证件的，应当使用同行成年人的有效身份证件信息。

（5）一张有效身份证件同一乘车日期同一车次只能购买一张车票，但同时购买同行儿童的儿童票除外。

（6）在 12306.cn 网站购票应当在车票预售期内且不晚于开车前 2 h，并在规定的支付时间内完成网上支付。

（7）网上支付应使用具备网上银行功能的银行卡，并通过 12306.cn 网站跳转（链接）至购票人选择的银行网站进行。

（8）12306.cn 网站收到银行网站支付成功的信息后，才是确认了购票交易，而收到银行网站支付失败的信息或超过的支付时间未收到银行网站支付成功信息的，则会取消购票交易。

（9）12306.cn 网站确认购票交易成功后，根据购票人提供的手机、电子邮箱将所购车票信息以短信、电子邮件的方式通知购票人。购票人应及时通知乘车人，并妥善保管有关信息。

## 三、换取纸质车票的规定

（1）在 12306.cn 网站购票后，遇以下情形，应当在购票后、开车前换取纸质车票后进站乘车。

① 使用二代身份证购票，但乘车站或下站不具备二代居民身份证检票条件的。

② 使用二代身份证购票，但进站检票时无法出示二代居民身份证原件或二代居民身份证

无法自动在检票机上识读的。

③ 使用二代居民身份证以外的其他有效身份证件购票。

④ 使用同行成年人有效身份证件信息购买儿童票的。

⑤ 购买学生票、残疾军人票的。

⑥ 按所购车票乘车日期、车次在中途站进站乘车的。

图 5.8

（2）旅客换取纸质车票后，不能再在 12306.cn 网站办理改签、退票手续，应凭纸质车票办理验票、检票、验票、改签、退票等手续。

（3）换取纸质车票时，按如下规定进行办理。

① 使用二代身份证购票的，可凭购票时所使用的乘车人有效二代身份证件原件到车站售票窗口、铁路客票代售点或车站自动售票机上办理换票手续。

② 二代居民身份证无法自动识读或者使用二代居民身份证以外的其他有效身份证件购票的，需出示购票时所使用的乘车人有效身份证件原件和订单号码，到车站售票窗口或铁路运输企业授权的铁路客票代售点，由售票员登入证件号码和订单号码，并于核实后办理退票手续。

③ 学生票凭购票时所使用的有效身份证件和附有学生火车票优惠卡的学生证（均为原件）到安装有学生火车票优惠卡识别器的车站售票窗口或铁路客票代售点办理。

④ 残疾军人票凭购票时使用的有效身份证件和“中华人民共和国残疾军人证”“中华人民共和国伤残人民警察证”（均为原件）到车站售票窗口办理。

⑤ 有效身份证件信息、订单号码等经核实一致的予以换票；不一致的，不予换票。学生票、残疾军人票同时核对减价优惠（待）凭证。学生票还应核减优惠乘车次数。

（4）购票后、换票前，有效身份证件丢失的，乘车人本人应到乘车站铁路公安制证口办理临时身份证明，并按换取纸质车票的有关规定，办理换票手续。

办理临时身份证时，须至少符合下列一个条件，并提供一寸照片一张。

① 出具所在地公安机关的户籍证明信。

② 学生旅客出具所在学校的户籍证明信。

③ 中国人民解放军、武警部队现役军人持所在部队出具的证明信。

④ 外籍旅客持当地使馆出具的证明信。

⑤ 凭其他有效证件购买车票的旅客持发证部门出具的证明信。

⑥ 通过其他方式能够证明本人身份的。

旅客提供的证明（信）的内容应包括旅客姓名、性别、出生年月、籍贯、身份证件号码等信息，与购票所使用的有效身份证件信息一致，并加盖证明单位的公章。车站铁路公安部门办理的临时身份证一式两联，载明旅客姓名、性别、年龄、有效身份证件类型和号码等内容，一联供旅客换票、改签、退票、验证、检票以及乘车使用，由旅客自行妥善保管，站、车不予收回。

（5）纸质车票票面载明购票时所使用的乘车人有效身份证件号码和姓名，并标记“网”字。

（6）旅客应当妥善保管车票，保持票面信息清晰、可识读，并妥善保管票面身份信息。

## 四、使用二代居民身份证进站乘车

（1）在 12306.cn 网站使用二代居民身份证购票且乘车站和下车站都具备二代居民身份证检票条件的，可凭购票时所使用的乘车人有效二代居民身份证原件，直接通过车站自动检票机（闸机）办理进、出站检票手续。目前主要时新建的高速铁路和客运专线能实现客持二代居民身份证进、出车站乘车。

自动检票机（闸机）在识读二代居民身份证是所做的进站、出站记录分别为铁路旅客运输合同运送期间的起、止证明。

（2）旅客在所购车票乘车区间中途站出站的，自动检票机验证后予以放行。

（3）列车验票时，应核对旅客所持的二代居民身份证原件及车票等信息；经确认没有旅客车票信息的，应当先行补票。旅客因二代居民身份证丢失、补票后，又找到二代居民身份证的，列车长确认后开具客运记录交旅客，旅客持客运记录和二代居民身份证原件到下车站退票窗口退还后补车票，不收退票费。

客运记录应填写旅客二代居民身份证号码、姓名、席位等有关内容。

（4）到站检票时，确认旅客没有铁路电子客票信息的，应当按规定补票。

（5）旅客乘车后需换取纸质车票的，不晚于自车票所载乘车日期之日起 31 天，逾期不予办理，换取的纸质车票仅作报销凭证。

## 五、改签和退票规定

（1）铁路电子客票可以在 12306.cn 网站或车站售票窗口办理签证、退票手续。

（2）旅客在 12306.cn 网站购票后，尚未换取纸质车票的，可以在 12306.cn 网站办理铁路电子客票改签、退票手续，但不晚于开车前 2 h；已经换取纸质车票的，只能在车站办理改签、退票手续。

（3）旅客在车站办理铁路电子客票改签、退票手续的，应当到安装有银行 POS 机的车站售票窗口进行办理。

火车票退票改签新政

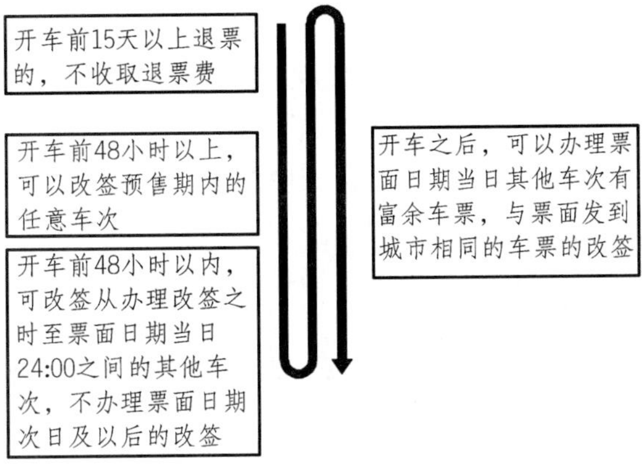


图 5.9

以下情形，按下列规定到安装有银行 POS 机的车站售票窗口并比照电子客票换取纸质车票的相关规定进行办理。

① 已经换取纸质车票的，在换票地车站或票面发站办理。

② 在具备二代居民身份证检票条件的乘车站，持二代居民身份证已经办理进站检票手续但未乘车的，经车站确认后按规定办理改签、退票手续。

③ 乘车站和下车站均具备二代居民身份证检票条件，持二代居民身份证验票乘车，因伤、病或者承运人责任中途下车的，凭列车长出具的客运记录在下车站按规定退回原银行卡。

（4）改签后新票票价高于原票，需补收票价差额时，应当使用购票时所使用的银行卡或具备网上银行功能的其他银行卡支付新票全额票款，原票款按发卡银行退回原银行卡。

退票或改签后新票票价低于原票的，应退票款按发卡银行规定退回购票时所使用的银行卡。

（5）在车站售票窗口办理铁路电子客票改签时可以采取出具纸质车票后进行改签或不用换票直接在窗口改签程序中办理改签两种办法。

（6）在 12306.cn 网站办理退票手续后，需退票费报销凭证的，应当凭购票时所使用的有效身份证件原件在办理退票之日起 10 日内（含当日）到车站退票窗口索取。

## 六、售票窗口换取纸质车票的操作流程

1. 换取车票流程

售票员可以通过旅客提供的二代居民身份证或流水号采取不同的换取纸质车票的操作。

（1）二代身份证换票：通过 Alt+Y 或主菜单进入界面—读取二代身份证（F7）—印票（Alt+N）。

（2）流水号+证件号码换票：通过 Alt+Y 或主菜单进入界面—输入流水号（订单号）—输入证件号码—选择取票批次—印票。

（3）当旅客在互联网购票时，已支付相应的票额，但换票时需要根据实际情况收取代售点销售服务费或异地票手续费。

（4）换取减价优持车票时，需要查验减价优持证件，并按相关规定扣减相应的次数。

（5）通过二代居民身份证换票时，系统会提出该乘车人所有已购未换取的车票，售票员

根据旅客实际需要选择换取。

2. 应急换票操作流程

当车站售票业务正常，但售票员无法正常办理互联网换票业务时，售票员可使用售票程序中“应急换票”功能，办理旅客换票业务。

（1）办理应急换取业务的售票窗口应具备相应的业务权限，办理时需要旅客购票时使用的有效身份证件和订单号。

（2）操作流程、应急换票操作时，售票员仍可以通过旅客提供的二代居民身份证或流水号采取不同的换取纸质车票的操作。

① 读取二代身份证换乘，通过 Alt+V+J 或主菜单进入主界面—读取二代身份证（F7）—印票（F4）。

② 输入流水号+证件号换票：通过 Alt+V+J 或主菜单进入界面—输入流水号（订单号）—输入证件号码—取订单—印票。

3. 电子客票不换票办理签证和退票的操作流程如下：

（1）电子客票可以不用换票，直接在窗口办理电子票的改签和退票手续。

（2）电子客票不换票直接办理改签的具体流程如下：

① 按 Alt+Z 进入改签界面。

② 有效身份证件是二代居民身份证时，按 F7 刷二代身份证，读取身份证号码和姓名查询电子客票票面信息。

③ 有效身份证件是其他证件时，按 F5 键，连续输入订单号和证件号码查询电子客票，还原电子客票票面信息。

④ 指定乘车人有多张电子票时的显示，如果指定订单号和证件号码的电子票只有一张时自动还原电子客票票面信息。

⑤ 售票员根据旅客的需求，选择指定的电子客票，按【确认】键，系统还原选中电子客票票面。

⑥ 确认改签后，选择改签新票车次、打印车票，与普通改签流程一致。

（3）电子客票不直接办理退票的具体流程如下：

① 选择“退电子客票”菜单进入电子票界面。

② 有效身份证件是二代居民身份证时：

a. 按 F2 键进入证件号输入界面，按 F7 键读取二代身份证

b. 在出现的该乘车人所订的所有电子客票信息中，选择所要退的车票，然后按回车。

c. 电子客票信息还原，确认退票理由后，点击【确认】按钮退票。

# 项目四　走进电话订票

## 一、认识电话订票

（1）电话订票的预售期为开车前第 4 天至预售期的第 1 天；售票时间为每日 7:00 ~ 23:00。

（2）电话订票返票规则为：当日 12:00 前预订的，订单保留至次日的 12:00；当日 12:00 后预定的，订单保留至次日 24:00。

（3）电话订票的受理有效身份证件种类包括居民身份证、港澳居民来往内地通行证、台湾居民来往大陆通行证以及按规定可使用的有效护照。

（4）取票的操作流程（见图 5.10 和图 5.11）。

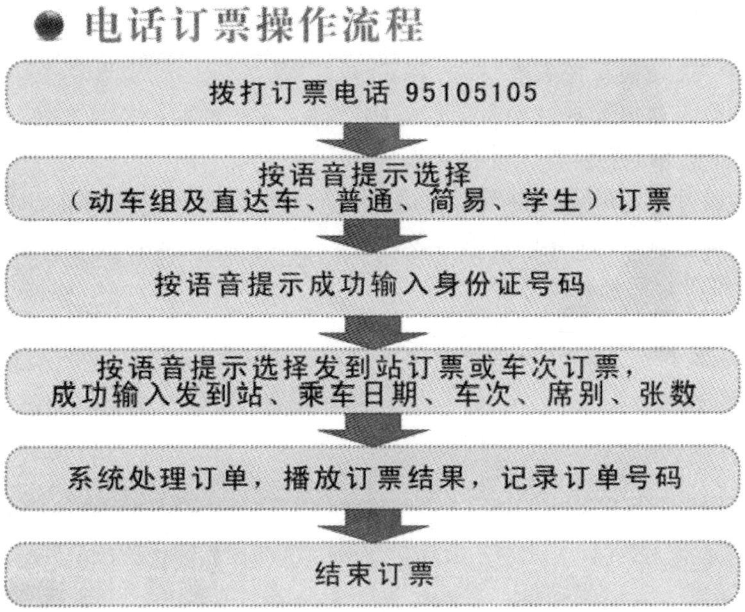


图 5.10

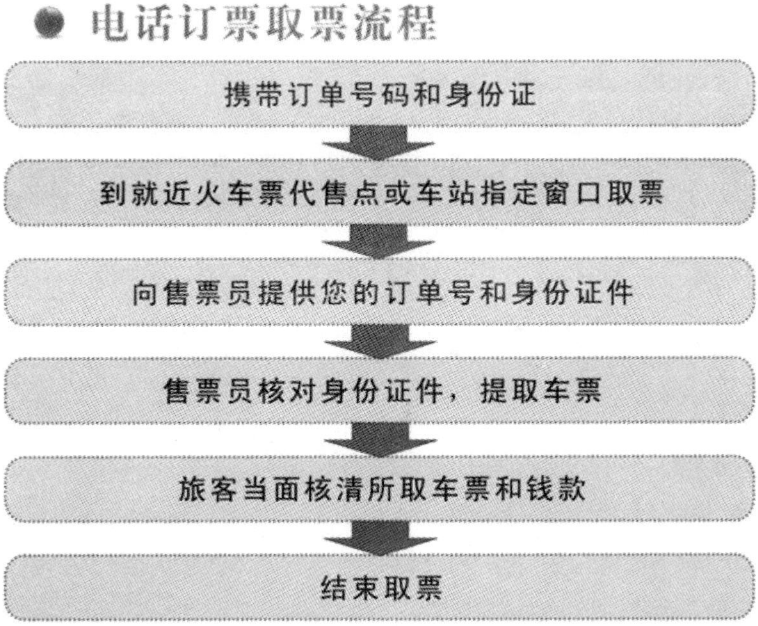


图 5.11

旅客通过电话订票成功后到窗口取票，售票员根据旅客提供的有效身份证件和订单号为旅客打印预定的车票，收取票款。

① 读取二代身份证取票：通过 Alt+Y 或主菜单进入主界面—Ctrl+W 切换至“取普通订票”—读取二代身份证（F7）—收款—印票。

② 输入流水号+证件号取票：通过 Alt+Y 或主菜单进入主界面 Ctrl+W 切换至“取普通订票”—输入流水号（订单号）—输入证件号码—选择取票批次—收款—印票。

（5）注意事项。

① 电话订票一次限购 5 张车票。

② 订票时需输入乘车人有效身份证件号码；订多张车票时，应依次输入多个乘车人有效身份证件号码，儿童票不需要输入证件号码。

③ 取票时需通过订票单号及订票时使用的乘车人有效证件（原件或复印件）进行取票。

④ 旅客需取消订单时，须凭订票单号及订票时输入的乘车人有效身份证件号码进行取消；订票内有多张车票时，应逐张输入。

# 参考文献

[ 1 ] 贾利民，李平. 铁路只能运输系统. 北京：中国铁道出版社，2004.
[ 2 ] 赵矿英. 铁路行车组织. 北京：中国铁道出版社，2014.
[ 3 ] 徐瑞华. 轨道交通系统行车组织. 北京：中国铁道出版社，2005.
[ 4 ] 李一龙. 铁路行车规章教程. 北京：中国铁道出版社，2008.
[ 5 ] 曲星照. 站细编制与学习问答. 北京：中国铁道出版社，2001.
[ 6 ] 北京铁路局. 高速铁路客运指南. 北京：中国铁道出版社，2011.
[ 7 ] 贾俊芳. 高速铁路客运服务. 北京：中国铁道出版社，2012.